장사꾼
DNA

장사꾼 DNA

초판 1쇄 발행 | 2017년 1월 1일
초판 1쇄 발행 | 2017년 1월 5일

지은이 | 장석봉
펴낸곳 | 함께북스
펴낸이 | 조완욱

등록번호 | 제1-1115호
주소 | 412-230 경기도 고양시 덕양구 행주내동 735-9
전화 | 031-979-6566~7
팩스 | 031-979-6568
이메일 | harmkke@hanmail.net

ISBN 978-89-7504-657-5 03320

이 도서의 국립중앙도서관 출판예정도서목록(CIP)은 서지정보유통지원시스템 홈페이지(http://seoji.nl.go.kr)와 국가자료공동목록시스템(http://www.nl.go.kr/kolisnet)에서 이용하실 수 있습니다.(CIP제어번호: CIP2016029472)

장사꾼
DNA

장석봉 지음

함께
BOOKS

"또 한 권의 책이 세상에 나왔다."

누군가는 내 책을 보며 그렇게 지나칠 것이다. 솔직히 작가가 아닌 내가 책을 쓴다는 것은 몹시 부담스러운 일이다. 그래서 수년 동안 원고를 만지작거리기만 해왔다. 하고 싶은 이야기는 산더미처럼 많았지만, 그중에서 무엇이 크고 무엇이 작은 것인지 가려내고 들려주고 싶은 이야기와 꼭 해야만 하는 이야기를 간추리는 데만도 꽤 많은 시간이 필요했다. 그럼에도 불구하고 출판은 마지막까지 미루고 미뤘다. 혹자는 장사꾼인 내가 책을 내는 것에 불편한 시선을 보낼 수도 있다. 사실 스스로 나에게도 수십 번은 물었던 이야기다.

'나는 왜 책을 쓰려 하는가?'

쉬이 답하기가 망설여진다. 주변 지인들에게야 "성공담 하나쯤 들려주는 것도 이 각박한 세상에 그리 나쁘지 않은 일 아닌가?"라고 얼버무렸지만, 기실 성공담이라기보다, 장사라는 매력적인 일에 뛰어들어 어려움을 극복해 온 과정을 공유하고 싶다는 것이 정확한 표현일 것이다. 어설픈 성공담으로 세상에 자신을 어필하는 사람이 부지기수이지만, 나는 스스로 요식업 계통에서 그리 낮은 위치는 아니라고 자부한다. 한마디로 외식업에 뛰어들 후배들에게 전해줄 것이 있다는 이야기다.

이 책을 통해 이런저런 이유로 창업을 하려는 사람에게는 구체적인 조언이 되고, 난관에 봉착한 사람에게는 위기를 극복하는 계기가 되며 성업 중인 사람에게는 더 큰 도전의 전환점이 되길 바라는 마음으로 평소 생각해 왔던 이야기를 정리하려 한다.

집필 중에 좀 더 필력이 있었으면 하는 바람도 있었지만 조금은 투박하고 세련되지 않은 글이지만 나름 이것대로 진솔한 맛이 있을 법하다고 생각하면서 꽤나 상당한 시간 동안 책상 앞에 앉아 있었다. 글을 쓰기 위해 이런저런 생각을 하다 보니, 우리가 발을 딛고 사는 현실이 녹록지 않다는 것을 새삼 깨닫는다. 제법 자리를 잡은 나의 삶도 그리 순탄치는 않았지만, 요즘의 젊은 청춘들은 정말 꿈을 갖고 살기가 쉽지 않은 세상이라는 것을 절감한다.

어디 청년뿐일까. 중년과 장년 역시 나름의 절망이 난무하는 시대다. 공무원이나 대기업에 들어가는 관문은 갈수록 좁아지고, 한 번 관문을 통과한다 해서 그 자리를 오래 유지할 수 있는 세상이 아니다. 그렇다 보니 너도 나도 창업 외에는 다른 선택의 여지가 없는 절벽으로 내몰리고 있다. 하지만 어설픈 CEO는 어설픈 종업원보다 더 위험하다.

OECD 국가 중 우리나라는 개인사업자 1위국이다. 그중에서도 가장 창업을 많이 하는 업종은 단연 요식업이다. 현재 등록된 전국의 요식업소는 60만 2천 개, 허가를 받지 않은 채 운영하는 업소도 적지 않음을 감안할 때 우리나라에서 식당이란 가장 흔히 볼 수 있는 영업장인 게 분명하다. 그런데 이 많은 식당들이 문을 열기가 무섭게 폐업한다.

창업의 부푼 꿈이 좌절로 전락하는데 걸리는 시간은 불과 몇 달, 그럼에도 불구하고 자고 일어나면 식당이 생긴다. 솔직히 말하건대 창업은 결코 쉽지 않다. 누군가의 전 생애가 담긴 퇴직금을 순식간에 날려버리는 것도 창업이고, 사업가로서 인생을 시작하는 젊은이를 재기불능의 길로 몰아가는 것도 섣부른 창업이다. 더욱이 경쟁자들이 도처에 깔려 있는 요식업계에서의 창업이란 결코 만만한 일이 아니다.

손님이 식당에서 바라는 것은 맛, 서비스, 인테리어, 가격 등 외부로 보이는 것이 전부가 아니다. 보이지 않은 숱한 요소들이 상호작용을 일으켜 한 번 온 고객을 다시 찾아오게 만든다. 같은 음식이라도 고객의 기분에 따라 다르게 느껴지는 법이고 그렇다 보니 고객의 요구는 세분화된다. 특히 우리가 살고 있는 세상은 감성의 시대다. 즉 고객이 식당에서 바라는 것은 음식만이 아니라는 것이다.

그런데 정작 창업을 막 시작한 본인만 빼고 이러한 고객의 기호를 발빠르게 맞춰주는 경쟁업체는 늘어만 가고 있다. 그러니 기껏 시장을 파악하고 고객의 기호에 맞는 메뉴를 개발해놨는데 손님의 트렌드는 그 사이 바꿔어버리기 일쑤이다. 망연자실할 따름이다. 이렇게 까다롭고, 빠르고, 다차원적으로 변해가는 손님의 니즈를 읽어내고 대처하지 못하는 식당은 폐업에 이르게 되는데 거의 93%에 달한다. 반면, 번호표를 뽑아 들고 줄을 서는 7%의 집도 분명히 있다. 왜 이린 양극화 현상이 일어나는 걸까.

이 책에서 말하고자 하는 것이 바로 이런 사실적인 이야기다. 나는 평생 요식업을 해왔다. 이십 대에 시작한 장사를 아직도 하고 있고 앞으로도 변화하는 고객의 기호와 사회의 흐름을 연구하며 장사를 하고 있을 것이다. 내게 있어 음식과 서비스는 '힐링'이다.

종일 노동에 지친 사람들이 편안하게 소주잔을 기울이며 하루를 마감하는 곳, 모처럼 가족들과 맛있는 음식을 먹으며 애틋하게 바라보는 곳, 오래 만나지 못한 친구들의 안부를 물으며 음식 그릇을 앞으로 당겨주는 곳, 식당이란 그런 공간이어야 한다는 것이 내 철학이다. 원가 대비 가격을 책정한 음식을 내놓고 감정노동에 시달리는 종업원들이 억지웃음으로 음식을 날라다 주는 곳이 아니라는 것이다.

손님은 안다. 나는 삼십 년 넘게 매장에서 직접 고객을 대하는 장사를 해왔지만 아직도 깜짝깜짝 놀랄 때가 있다. 내가 기울인 관심과 정성만큼 손님이 반응하는 정직한 원리를 발견할 때다. 바쁜 점심시간, 후다닥 국밥 한 그릇을 먹고 가는 손님이, 나와 내 업소의 모든 것을 그렇게 잘 알고 있다는 걸 깨닫는 순간 새삼 정신이 번쩍 들기도 한다. 창업한 지 몇 달 만에 식당이 문을 닫는 건, 손님은 다 아는 걸 업주는 모르고 있기 때문이다.

장사꾼에게는 남다른 촉이 있어야 한다. 그걸 나는 장사꾼 DNA라 부른다. 장사꾼 DNA는 타고나는 경우도 있지만, 그렇지 않은 경우가 더 많다. 하지만 장사꾼은 반드시 장사꾼 DNA를 겸비해야만 성공할 수 있다. 선천적으로 타고나지 않았다면 후천적으로 연구하고 노력하여 자신의 DNA를 만들어야 한다. 나 역시 후자에 속하는 사람이다.

이 책에서 밝히고자 하는 것이 그 DNA를 어떻게 만들었고 또 어떻게 활용하는지 알려주고 싶다. 우리 식당 음식으로 손님이 힘을 내듯, 이 책 한 권이 사소한 도움이 되기를 바라는 마음으로 진심을 담아 공개한다.

덧붙여 내 인생의 든든한 울타리 <더도이 식품> 250여 명의 식구들과 나의 두 아들, 그리고 평생 동반으로 한결같은 사랑과 내조의 힘을 보여주는 아내에게 감사의 인사를 보낸다.

저자 장석봉

목차

2부 철학이 있는
음식장사는
흔들리지 않는다

3부 공부하는
장사꾼은
평생 성장한다

부록

백억 파는
국밥집 사장의
실전 컨설팅

1부

성공하는
장사꾼은
만들어진다

1장

장사꾼의
DNA는
따로 있지
않다

음식점 사장이 가는 길

내가 구상한 아이디어가 하나하나 실현될 때, 나는 극한의 성취감을 느낀다. 그 성취감은 때로 매출로 확인되거나, 손님들의 반응에서 확인한다. 다시 말해 내 머릿속에만 있던 생각이 세상으로 표출되어 구체화되고, 실제되어 고객의 반응을 얻는다는 것은 무엇과도 바꿀 수 없는 짜릿함을 안겨준다. 장사도 어느 면에서는 창작과 같은 것이다. 떠올리고 고민하고, 시제품을 만들어 보고 시스템을 도입하는 등 일련의 절차는 개인마다 차이가 있지만 무형에서 유형이 되고 그것이 누군가를 즐겁게 한다는 것은 유사하다. 결국 소위 '대박집'이 되는 건 결과일 뿐이지 목적이 아니다.

나는 서른 남짓에 장사의 길로 들어섰다. 본디부터 사람과 음식을 좋아했기에 요식업 사업은 천직이라고 생각했다. 그런 면에서 나는 운이 좋았다. 좋아하는 일을 젊은 나이에 만날 수 있었기 때문이다. 이후, 나의 길은 두말할 것 없이 외길이었다. 눈 돌릴 마음도, 틈도 없었다. 매 순간 호흡이 가빴고, 하나가 끝나면 또 다른 하나가 밀려왔다. 타인이 보기에 무난하게 삶을 살아나가는 사람으로 비춰졌을 수도 있다. 하지만 이 계통에 들어온 사람은 안다. 무난한 외식업이란 결코 있을 수 없다는 사실을 말이다. 내가 맨 처음 했던 사업은, 가구 백화점에서 힌트를 얻어 시작한 카페 <머피>였다. 처음에는 단순한 아이디어로 출발했다.

'손님의 기분에 따라 의자를 고르면 어떨까?'

그렇게 시작한 카페는 매장 안의 의자를 모양과 색깔이 다르게 배치했다. 나만의 중요한 차별전략이었던 셈이다. 이 발상은 고객의 기호와 맞아떨어졌다. 손님이 그날 기분에 따라 의자를 선택할 수 있게 하자는 아이디어로 창안한 첫 사업은 생각보다 너무 순조로웠다. 생각해보면 갓 서른의 나이에 어디서 그런 배짱이 나왔는지 모르겠지만, 당시의 사회현상이 나의 사업구상과 맞아떨어졌던 것 같다. 지루하고 건조한 일상을 바꿔줄 공간으로 카페가 유행의 조짐을 보이는 시기였다. 나는 그 시류를 남들보다 조금 빨리 읽었고 곧바로 실행에 옮긴 것뿐이었다. 그럼에도 결과는 기대 이상이었다. 첫출발이 순조롭자 욕심이 생겼다.

이번엔 카페가 아닌 한식집을 창업하기로 했다. 이때부터가 나의 본격적인 외식업의 시작이었다. 하지만 음료수를 파는 것과 음식을 파는 것은 모든 면에서 많은 차이가 있었다. 메뉴만 바뀌는 게 아니었다. 규모도 다르고 인테리어도 다르고 종업원의 응대법도 다르지만, 무엇보다 내 마인드 자체가 달라지지 않으면 안 되는 사업이었다.

한식집을 구상하면서 마음속으로 설계한 것은 도시 한가운데 있는 별장이었다. 손님들이 식사를 하면서 도심이 아닌 자연과 어우러진 별장에서 식사하는 듯한 느낌을 주고 싶었다. 이러한 구상은 곧 실행으로 옮겨졌다. 나의 장점이자 단점은, 구상을 실행으로 옮기는데 생각보다 많은 시간이 들지 않는다는 것이다.

하지만 규모가 다른 만큼 생각이 현실로 바뀌는데 꽤 시간이 걸렸다. 집을 짓는다는 것은 말 그대로 집을 '만드는' 것이 아니라 '창조'하는 일이었다. 그만큼 정성과 노력이 필요했다. 좋은 집은 하루아침에 만들어지는 것이 아닌 데다, 내가 원하는 것 역시 찍어내듯 만들어진 집이 아니었다. 그것은 기초를 다지고 벽돌을 한 장 한 장 쌓아 시간과 기술, 그리고 정성이 더해지는 작업이었다.

나는 벽돌이 한 장 한 장 쌓일 때마다 기도를 하는 마음으로 집이 완성되기를 기다렸다. 꼬박 일 년을 그렇게 하루하루를 보냈다. 마침내 도심 속 별장인 <청담>이 탄생했다. 집을 완성하고 난 뒤 도심의 별장이라는 당초 계획과 너무 잘 맞아떨어지는 장소가 생기자 나는 흥분했다. 사실 이 사업을 구상하고 실행하는 과정에서 주위의 반대가 만만치 않았다. 한정식집 치고는 너무 많은 투자가 이뤄져야 했기 때문이다.

조언을 듣는 것은 중요하다. 하지만 조언을 구별하는 것은 더욱 중요하다. 숱한 고민과 준비 끝에 시작한 일을 중도에 그만두게 할 만큼 나를 움직인 조언은 없었다. 덧붙여 자존심도 허락하지 않았다. 그렇게 번화가 대로변 사거리 한가운데에 기와를 멋지게 올린 한정식집 <청담>이 들어서자 근처를 지나다니는 많은 사람들의 시선을 받게 됐다. <청담>의 외양은 그만큼 눈에 띄었다.

그런데 그 외양이 문제였다. 손님들은 집 밖에서 집안을 기웃거릴 뿐, 선뜻 문 안으로 들어서지 못했다. 별장 같은 집이 주는 분위기가 오히려 부담감을 가지게 만든 것이다. 나는 손님을 끌어모으기 위해 광고를 시작했다. 라디오와 TV에 <청담>을 소개했다. 투자 대비 효과를 실시간 확인하기 어려웠지만 광고를 계속했다. 밑 빠진 독에 물 붓기라는 말이 저절로 실감이 났다. 끝도 없이 돈이 들어갔다.

부풀었던 나의 기대는 점점 바람이 빠졌다. <청담>은 내 기대와는 많이 달랐다. 내가 원했던 것은, 도시를 떠나지 않고도 여유를 즐기고 싶을 때 찾아갈 수 있는 집이 되고 싶다는 것이었다. 그러나 그것은 지나친 낭만이었고 내 욕심이었다. 사람들은 <청담>에 들어와서도 여전히 전화기를 손에 든 채 식사를 하거나, 고기가 익기를 채근하며 급하게 한 끼를 때웠다. 나는 여유를 만들었으나 손님들에게 그것이 전달되지 않은 것이다. 현실과 낭만이 함께 존립하기는 어렵다는 걸 인정하지 않을 수 없었다.

하지만 언제까지 실패를 곱씹을 수만은 없었다. 그래서 시작한 사업이 돼지국밥 전문점, <더도이 종가집>이었다. 손님들에게 여유를 줄 수 없다면 차라리 바쁜 일상에서 한 끼라도 든든하게 그리고 싸게 먹을 수 있는 공간을 만들고 싶었던 것이다. 돼지국밥은 한 끼를 먹어도 든든하게 먹을 수 있는 데다 값이 싸다는 게 특징이다.

<청담>이 여유와 낭만을 콘셉트로 했다면, <더도이 종가집>은 싸고 든든한 것이 테마였다. 여기에 한 가지를 더 첨가했다. 비록 한정식집 <청담>은 내 생각과 다른 결과를 냈지만 '그래, 한 끼를 먹더라도 휴식이 되게 하자!'는 본래의 의도까지 포기하고 싶지 않았다. 그래서 나는 국밥집의 이미지를 확 엎어버리는 인테리어를 시도했다.

떠들썩하고 서민적인 느낌이 기존의 국밥 문화라면, 한식집에 앉아 코스요리를 먹는 듯한 분위기를 연출해 특유의 국밥집 문화를 만들어 보고 싶었다.

지금까지 돼지국밥집의 분위기를 확 바꾸는 야심찬 기획이었다. 나는 이미 도심 속의 별장도 지어본 경험이 있지 않은가. <청담>을 기획할 때와 마찬가지로 조명부터 벽면 마감재, 테이블의 소재와 자리 배치, 인테리어 소품 하나하나에 심혈을 기울였다. 메뉴를 개발하는 과정도 몇 번이고 되새김을 해가며 기획했다.

'돼지국밥집에서 낭만과 여유를 찾을 수 있는 방법은 무엇일까?' 이 질문에 대한 답으로 국과 함께 돌솥밥을 손님의 상에 올렸다. 불에서 금방 내린 돌솥밥은 손님상에 올려놓아도 열기가 식지 않는다. 그 돌솥밥을 천천히 떠먹다 보면 노릇하게 눌은밥이 나온다. 눌은밥에 뜨거운 물을 부어 먹는다면, 뒷맛까지도 깔끔할 것 같았다. 아울러 식사시간도 조금 더 늘어날 수 있었다.

이와 함께 나는 국밥집에 온 손님에게 와인도 건넸다. 테이블을 돌면서 직접 담근 하우스 와인을 서빙하면 손님들의 눈이 두 배쯤 커졌다. 휘둥그레진 눈으로 나와 와인 병을 번갈아 쳐다보던 손님들은 그때부터 식사시간에 여유를 주기 시작했다. 간단히 국밥이나 한 그릇 먹고 갈까 하고 들어온 식당에서 국밥 옆에 돌솥밥이 놓이고 주인이 다가와서 와인까지 따라주니 뭔가 색다르다는 느낌을 받은 것이다.

더욱이 와인은 묘한 매력이 있는 술이다. 와인 잔을 손에 든 손님들은 향을 음미하며 조심스레 한 모금씩 즐기게 되고 그러다 보니 식당

인테리어도 둘러보고 벽에 걸린 소품도 눈여겨보기 시작했다. 처음부터 뭔가 다르다고 생각은 했지만 식당 인테리어까지 눈을 줄 여유가 없었는데, 다시 보니 예사롭지 않다는 반응이 하나둘 들려왔다. 나는 비로소 <청담>의 실패를 지울 수 있었다. 맛있고 든든하고 값이 싼 음식, 그러면서도 여유와 낭만을 느끼며 휴식할 수 있는 식당을 만들어낸 것이다. 요약해서 말하자면 <더도이 종가집>은 고객의 만족을 이끌어낸 성공한 식당이다.

하지만 처음부터 그렇지는 않았다. <더도이 종가집> 1호점을 개업한 뒤 나는 장사의 쓴맛을 알게 됐다. 단순히 거액을 투자했으니 성공하겠지라는 안일한 생각이 현실과 만나 산산이 부서졌기 때문이다. 첫 사업인 카페의 성공으로 무모하기도 하고 오만하기도 했던 당시의 나는 기대한 만큼 손님이 들지 않자 정신이 번쩍 들기 시작했다. 하루하루 적자 폭은 자꾸 커지는데 매출은 변동이 거의 없었다. 그렇게 두어 달이 흐르면서 많은 것들이 급격하게 달라졌다. 매출도 떨어졌지만 인생이 바닥으로 가라앉아 좌초되는 느낌이 나를 지배했다. 조급한 마음에 작은 소리에도 마음이 흔들렸고 이성적인 판단 또한 흐려졌다. 피를 말린다는 말을 실감할 수 있었다.

'도대체 어디서부터 어떻게 손을 써야 할까?'

비로소 나는 내가 얼마나 오만했던가를 깨달았다. 그 깨달음은 행동에서부터 변화를 가져왔다. 손님에게 인사를 할 때 고개를 숙이는 각도부터 달라졌다. 저절로 허리가 접혔다. 주차부터 설거지까지 어떤 허드렛일도 감사하는 마음으로 했다. 밤 11시, 영업을 마치고 직원들이 퇴근하고 나면 가게 정리를 하는 것도 내 몫이었다. 설거지를 하는 데만도 두 시간, 이런저런 재료를 챙겨놓고 새벽 세 시가 지나 가게를 나서면, 곧바로 골목을 누비며 전단지를 붙였다.

그렇게 하루가 부족하도록 일을 하면서 늘 염두에 두고 있었던 것은 '맛'에 대한 연구였다. 식당의 기본은 음식이다. 국밥집의 기본은 국과 밥이다. 인테리어도 중요하고 서비스도 중요하지만 본질에 충실해야 한다는 생각만큼은 한 순간도 놓지 않았다. 그래서 식당 안에 <국밥 연구실>을 설치해두고 틈만 나면 틀어박혀 어떻게 맛을 낼까 고민했다.

이제 와서 생각해보면 그것이 지금의 나를 만든 시발점이었다. 식당은 인테리어나 콘셉트보다 맛이다. 맛으로 인정받으면 손님은 오게 돼있다.

그렇게 시간이 지나자 어느 순간부터 <더도이 종가집> 앞은 줄 서는 사람들이 늘어나기 시작했다. 식사시간이 지나면 좀 줄긴 하지만 그래도 종일 손님이 줄을 섰다. 지금도 그때의 기쁨은 뭐라 표현할 길이 없다. 후일 다른 사업들을 통해 많은 성공을 거뒀지만 <더도이 종가집> 앞에 손님들이 줄을 서기 시작할 때의 그 광경과 기쁨은 많은 의미로 다가왔다. 노력에 대한 보상인 듯했고 고생에 대한 다독임인 것도 같았다. 그렇게 식당을 찾아 준 손님들을 보며 나 자신도 모르게 울컥 무언가 가슴에서 치밀어 오르는 것을 느꼈다. 새벽까지 혼자 남아 설거지를 하고 채 물기가 마르지 않은 손으로 전단지를 붙이던 시간들이 고스란히 보상되는 느낌이었다. <더도이 종가집> 1호에 이어 2호점, 3호점도 대박이 났다. 인생의 새로운 기회가 열린 것이다.

여세를 몰아 막국수 전문점 <더도이 덤>을 열었다. 막국수를 먹으면서 숯불에 구운 떡갈비를 곁들인 메뉴는 폭발적인 반응을 이끌어냈다.
깔끔하게 매운 소스와 과일을 갈아 넣은 육수, 노하우로 가득한 면발….

엄선된 최고품질의 재료를 사용하였지만 고객이 수긍할 수 있는 적당한 가격, 고급스러운 인테리어까지, 손님이 원하는 모든 걸 갖추려고 했다. 즉, 전 공정에 정성을 가득 넣은 것이다. 어떻게 하면 손님을 만족시킬 수 있을까에 대한 숱한 고민들 속에서 나온 아이템이었다. 고맙게도 <더도이 덤>도 성공했다. 손님들이 내 노력을 알아준 것이다. 국밥과 막국수 매장이 늘어날수록 매출 규모도 팍팍 올라갔다.

이어 다음 사업은 족발 전문점 <더도이 참족> 체인점이다. <더도이 종가집>과 <더도이 덤>의 성공에 힘입어 야심차게 시작한 <더도이 참족>은 시간과 공간의 제약을 벗어나 보자는 의도에서 출발했다. 국밥이나 막국수는 손님이 직접 매장에 와서 먹어야 맛이 나는 음식이지만 족발은 테이크아웃이 얼마든지 가능했다. 인력을 최소화시키면서도 전파력이 강한 아이템을 기획하던 중 찾아낸 것이 족발이었던 것이다. 당연히 인테리어는 여전히 레스토랑이나 카페 풍이다. 이것은 나만의 철학 같은 것이었다. 족발 역시 서민 음식이라 할 수 있지만 그렇다고 식당까지 아주 서민적일 이유는 없다. 먹는 곳은 깔끔하고 쉴 수 있는 곳이어야 한다는 나만의 원칙을 고수한 것이다. 조금 더 이야기를 하자면 내가 운영하는 모든 식당은 까다로운 여성이나 어린 아이라도 즐겁게 식사할 수 있는 곳이어야 했다. 그래서 족발집에서 수프를 제공하고 싱싱한 야채샐러드에 드레싱을 끼얹어 테이블에 올렸다. 여기에 고급스러운 식기에 담긴 홍합탕과 함께 족발이 서빙되면 마치 우아하게 스테이크를 먹듯 손님들은 족발을 즐길 수 있었다. 깔끔한 타일로 마감된 벽면에는 갓등이 달려있어 오렌지빛 조명이 은은히 뿜어져 나오고 세미 클래식의 음악이 실내에 흐르는 가운데, 조리사복을 단정히 입은 실장이 와서 직접 음식에 대한 설명을 곁들인다. 가격이 저렴하다고 음식의 질이나 식당의 분위기까지 낮을 이유는 없지 않은가. <더도이 참족>도 대박이었다.

매장관리를 맡은 실장은 연일 죽는 소리를 했다.

"사장님, 바빠서 죽을 지경입니다."

젊은 사람이 웬 엄살이 이렇게 심하냐며 슬쩍 핀잔을 주는 내 입가에 미소가 번지는 것은 어쩔 수 없었다. 물론 실장의 입가에도 나와 똑같은 미소가 매달려 있는 것은 우리만의 비밀이다.

최근 나는 또 하나의 매장을 오픈했다. 삼겹살 전문점, <더도이 돈포 겟>이 그것이다. 언제부턴가 손님들은 음식을 먹기 전에 꼭 사진부터 찍는다. 젊은이들 사이에서 유행하기 시작한 이런 문화는 이제 전 연령대로 파급되었다. 소리 없는 홍보대사가 된 이러한 사진 문화는 SNS를 타고 전 지역으로 퍼졌다. 그래서 생각해낸 것이 체험하는 식당 <더도이 돈포겟>이다. 테이블 전체가 돌판인 식탁에 해물과 야채를 올려놓고 미각, 시각, 청각, 후각, 촉각까지 5감을 만족시키는 식당이다. 여기에 여섯 번째 감각 심각(心覺)까지 자극한다. <더도이 돈포겟>에서는 손님이 직접 테이블에서 요리를 할 수 있다. 물론 번거롭지 않고 재미있게 한다. 삼겹살이 익어가는 소리와 함께 주먹밥을 만들고, 요리사의 '불쇼'를 구경하면서 함께 퍼포먼스를 즐긴다.

바야흐로 지금은 스토리텔링의 시대이다. 누구나 이야기의 주인공이 되고 싶은 심리를 자극하는 곳이 <더도이 돈포겟>이다. 업소에서 차려 준 음식을 먹기만 하는 게 아니라 '체험'하게 하는 곳인 셈이다. '불 쇼' 와 더불어 '포토 존'까지 마련되어 있기 때문에 고객들의 입소문을 통하여, 퍼포먼스를 즐길 수 있는 식당으로 새로운 외식문화를 만들어 가고 있다. 어른 아이 할 것 없이 좋아하는 삼겹살을 먹고 즐기면서 놀 수 있는 공간인 셈이다.

<더도이 돈포겟> 1호점도 개업하자마자 대박의 행진가도를 달리고 있다. 2호점과 3호점도 대기 중이지만 혹시 시행착오가 생길지 모르니 조금 더 지켜본 뒤 진행할까 한다. 매사가 다 그렇지만 특히 식당은 충분히 두들겨보고 건너야 한다는 것이 내 지론이다. 주위에서 아무리 재촉을 해도 굽히고 싶지 않다.

내가 구상한 아이디어가 현실로 실현될 때, 극한의 성취감을 느낀다. 그 성취감은 때로 매출로 확인되거나, 손님들의 반응에서 확인할 수 있다. 다시 말해 내 머릿속에만 있던 생각이 세상으로 나와 구체화되고, 그 구체화된 실제가 반응을 얻는다는 것은 무엇과도 바꿀 수 없는 짜릿함을 안겨준다. 장사도 창작이다. 떠올리고 고민하고, 시제품을 만들어보고 시스템을 도입하는 등 일련의 절차는 개인마다 차이가 있지만 무형에서 유형이 되고 그것이 누군가를 즐겁게 한다는 것은 유사하다.

소위 '대박집'이 되는 건 결과일 뿐이지 목적이 아니다. 적어도 나는 이 말에 대해 확신을 가지고 있다. 손님을 진심으로 사랑하는 마음이 있으면 돈을 좇지 않아도 돈이 된다. 핵심은 어떻게 하면 손님에게 맛이 좋은 음식과 수준 높은 서비스를 할 수 있을까를 고민하면 된다는 것이다.

성공하는 장사를 위해서는 '정직' 해야 한다. 그리고 '열정'이 있어야 한다. 열정과 정직에 정성이 더해지면, 그때부터 상품에 인생이 녹아든다. 나의 삼십 년 세월은 식당에서 손님과 함께 울고 웃으며 내 청춘을 보냈다. 대부분 성공했지만 그 이면에는 눈물겨운 노력도 많았다. 그 눈물들이 나의 인생과 내가 만들어낸 음식을 풍성하게 만들었다.

나의 철학은 손님이 행복한 순간을 만드는 것이고, 내 삶은 그 많은 손님들의 행복감으로 유지된다. 지나온 길목 여기저기, 눈물이 묻어있지 않은 곳이 없는 것처럼 또 곳곳에 기쁨과 환희가 스며들어 있다. 그러는 사이 두 아들은 장성해 각각 제 갈 길을 가고 있다. 사업에 몰두하느라 등한시한 적도 많았지만 건강하게 성장해 준 아들들이 기특하기만 하다. 착한 아내도 묵묵히 내조를 통해 나의 길을 잘 따라와 주었다.

물론 난 여기서 멈추지 않을 작정이다. 내게 앞으로 얼마만큼의 시간이 더 주어져 있을지는 알 수 없지만 묵묵히 가던 길을 계속 가야 한다. 앞으로도 내가 걸어가는 길의 골목 어느 모퉁이에서 어떤 복병이 나타나 목을 죌지는 알 수 없다. 그러나 늘 그래왔듯이 위기가 닥치면 닥치는 대로, 극복해가며 길을 갈 것이다. 그 길에서 흘리게 될 눈물 또한 있을 것이다. 다만 어떤 일이 닥치더라도 변할 수 없는 것들이 있다. 나는 정직과 열정으로 버무려진 내 일을 사랑한다는 것, 그리고 외식업 30년의 외길을 걸어 여기까지 온 나 자신을 사랑한다는 것이다.

"자! 이제 다음 모퉁이를 돌 차례다."

만들어야 하는 장사꾼 DNA

늘 사람 사이에 있으면서 사람의 목소리에 저절로 귀가 기울어지는 그런 것이 바로 장사꾼 DNA다. 고객이 짜다고 하면 음식의 간을 볼 것이 아니라 고객의 기분부터 살펴보는 것도 장사꾼이고, 고객이 무례하게 굴면 얼마나 마음이 아프면 저럴까를 생각하는 것도 장사꾼이다. 여기에 직감과 직관, 추진력까지 있어야 하니 장사꾼, 그거 아무나 되는 건 아닌 것 같다.

현대는 무엇보다 개성이 필요한 시대다. 획일화되고 몰개성적인 사고에 길들어 있다면 반드시 스스로를 성찰해볼 필요가 있다. 매스컴에 등장한 누군가의 말을 아무 생각 없이 그대로 받아들이고 있는 건 아닌지, 주관적 관점도 비판적 안목도 없이 '거름 지고 장에 가듯' 남들이 가는 방향을 무턱대고 따라가고 있지는 않은지 점검이 필요하다.

특히, 직장생활을 할 것인가, 창업을 할 것인가를 두고 고민하게 되는 경우라면 더욱 주관적이고 개성적인 판단이 필요하다. 직장생활이든 창업이든 보편적인 답이 있는 게 아니다. 각각의 성향과 적성에 따라 능력은 달라지는 것이고, 이러한 능력에 의해 인생의 질도 달라지게 된다. 어떤 직업을 가지고 살아가느냐의 문제는 그만큼 인생 전체를 관통하는 일이 된다. 직업이란 행복과 불행이 결정되기도 하는 중대한 일인 것이다.

창업에 있어 가장 중요한 게 뭐냐고 묻는다면 나는 서슴없이 '개성'이라고 대답한다. 물론, 개성이라는 단순한 단어 속에는 무수한 의미가 함축되어 있지만 창업을 할 수 있는 '개성'은 따로 있다. 그것이 내가 늘 강조하는 '장사꾼 DNA'다. 장사를 하기 위해서는 남다른 유전자를 타고나야 한다. 특히 고객을 직접 응대하는 외식업의 경우는 더욱 그렇다. 우선 사람을 좋아해야 하고, 오래 사람을 대하고 있어도 지치지 않아야 한다. 대인관계가 원만하다는 평가를 받는 정도로는 진정한 장사꾼으로서 부족하다. 선천적으로 사람들 사이에 있기를 좋아해야 하고 배려심이 있어야 한다. 말하지 않아도 알아듣는 소통 능력도 있어야 한다.

이러한 장사꾼으로서의 기질이 습관화되어 있지 않다면 쉽게 지치게 된다. 사람에 지치는 순간 고객은 더 이상 고객이 아니라 지갑을 들고 들어오는 '돈'으로 보이기 십상이다. 고객을 단순히 '돈'으로 보게 된다면 외식업은 할 수가 없다. 6천 원짜리 국밥손님으로 고객을 보기 시작하면 그때부터 나는 6천 원짜리 국밥장사가 된다. 매장에 들어오는 고객이 2만 원짜리라고 여겨지는 순간 나 역시 2만 원짜리 족발장사에 지나지 않는다. 결국 인생 자체에 가격이 매겨지게 된다.

그렇다면 장사꾼 DNA를 타고나지 않은 사람은 어떻게 해야 한다는 말인가? 사실 선천적으로 장사꾼의 유전자가 따로 있지는 않을 것이다.

그것이 혈액 검사를 해서 드러나는 일도 아니고 유전자 검사를 한다 해서 검출되는 것도 아니다. 다만 내가 하고 싶은 말은, 외식업을 하려는 사람은 그만큼 정신 무장이 되어 있어야 한다는 뜻이다.

세상에 만만한 일이 어디 있으랴만, 요즈음의 외식업은 수요에 비해 공급이 워낙 많다 보니 그 치열한 시장에서 살아남기는 여간 힘든 일이 아니다. 그러니 장사꾼은 매 순간 철저히 마인드를 정비하고 머리부터 발끝까지 '장사꾼'이 되지 않으면 안 된다는 걸 강조하기 위해 '장사꾼 DNA'라는 신조어를 쓸 뿐이다.

고객이 매장으로 들어오는 순간, 우선 반갑고 원하는 게 뭔가를 알고 싶어지는 게 장사꾼의 생리다. 얼마의 매출을 올려주고 갈 것인가는 그 다음의 문제다. 혹여 우리 업소에서 불편함은 없는지, 더 필요한 건 없는지, 뭘 어떻게 해주면 좋은 인상을 가지고 우리 업소를 나서게 될지, 매 순간 신경 쓰고 있어야 한다. 일부러 그러기는 쉽지 않다. 저절로 그렇게 되어야 장사꾼 DNA를 지니고 있다고 할 수 있다.

정작 문제는 고객이 매장 안으로 들어오지 않을 때다. 자고 나면 생기는 게 식당이지만 식당이 많아진다고 고객의 수요가 늘지는 않는다. 세 번 먹던 밥을 네 번씩 먹어주지도 않는다. 결국 한정된 고객의 수를 두고 식당끼리 경쟁을 하는 수밖에 없는데, 무심히 지나가는 사람의 발길을 어떻게 우리 업소로 돌리게 할 것인가?

각종 메뉴들을 내건 식당들이 즐비하게 늘어서 있는 식당가 한가운데에 초로의 남자가 서있었다. 흰머리가 제법 희끗한 것이 결코 젊다할 수 없는 나이로 보였지만 왠지 위엄이 있는 외모였다. 하얀 드레스 셔츠에 넥타이를 단정히 맨 정장이 잘 어울렸다. 정장을 입는 직종에 오래 종사한 듯한 인상이었다. 그런데 정오가 막 되어갈 무렵, 그는 행인들을 향해 큰 소리로 외쳤다.

"2층에 있는 저희 식당에 한 번 와보십시오. 아홉 가지 반찬을 정성스럽게 준비했습니다. 오늘은 싱싱한 톳나물과 냉이 된장국이 맛있습니다. 제철 음식만 고집하는 밥상, 2층까지 올라오신 보람이 꼭 있으실 겁니다!"

초로의 신사는 지나는 사람들의 어깨 높이로 적당히 몸을 숙이며 일일이 눈을 맞췄다. 아마 식당의 입지조건으로는 치명적이라 할 수 있는 2층의 핸디캡을 그런 식으로라도 극복하려는 노력이었을 것이다. 개업할 때는 2층이라는 단점에 대해 심각하게 생각하지 않았다가 막상 손님이 2층까지 올라와서 식사를 한다는 것이 얼마나 힘든 것인지를 경험을 통해 실감한 후, 지금까지의 안일한 생각에 충격을 받아 궁여지책으로 거리에서 호객을 하는 건지도 모르겠다. 정장이 몸에 밴 듯한 남자의 분위기나 어투를 보아서는 그렇게 호객행위를 하기가 쉽지 않았을 텐데 대단한 용기라는 생각이 들었다.

전직 대기업 간부였거나 고위 공무원, 혹은 교장 선생님 등의 직업이 어울려 보이는 초로의 남자가 저잣거리에 서서 호객행위를 할 수 있는 용기는 어디서 나오는 것일까? 장사꾼이란 이런 것이다. 오지 않는 손님을 어떻게든 오게 하려고 갖가지 방법을 동원하고, 한 번 온 손님을 다시 오게 하려고 머리를 싸매는 사람들. 그게 바로 장사꾼이다.

그렇다면 어떻게 재방문객을 만들어낼까? 한 번 온 고객이 다시 오는 이유는 다양하다. 음식의 맛이나 가격, 분위기, 서비스 등의 기본적인 요소가 물론 재방문을 유도하지만 때로는 예기치 않은 사건이 예기치 않은 감동으로 이어져 손님의 발길을 이끌 때도 있다.

<더도이 식품>의 막국수 전문점, <더도이 덤> 직영점을 개업했을 때의 일이다. 오랫동안 상권 분석을 했고 시장조사를 했던 터라 개업 초에 잠시 고전을 했지만 꾸준히 찾아오는 손님이 늘고 입소문을 타면서 재방문율이 하루가 다르게 높아졌다. 나는 매일 매장에 나가 고객의 반응을 살폈다. <더도이 덤>의 카운터에는 늘 누룽지 바구니가 놓여 있었다. 고객을 조금이나마 더 머물게 하면서 이야기를 듣고 싶어서였다.

"음식 맛은 입에 맞으셨습니까?"

"저희 집에서는 생김치만 식탁에 올리고 있는데 혹시 묵은 김치도 드릴까요?"

"이 누룽지 맛 한 번 보십시오. 갓 볶은 거라 고소합니다."

나는 틈틈이 식사 중인 고객의 테이블을 돌며 적절한 때를 봐서 말을 걸었다. 요식적인 인사만 하는 게 아니라 손님이 필요로 하는 사항을 놓치고 있는 건 아닌지 매 순간 점검을 했다. 손님들은 그렇게 누룽지를 내밀며 거는 말에 대답을 해주었고 나는 그 말을 귀담아 들었다가 매장 식구들과 공유했다. 때로는 손님이 해주는 말 한마디가 전문 컨설팅이 되기도 한다. 계산을 마치고 나가는 고객의 손에 누룽지와 함께 감사를 표하기도 했다. 물론 이때 고객과 눈을 맞추는 것을 잊지 않았다. 요식적인 행동이 아니라 저절로 그렇게 됐다.

　누룽지를 들고 고객이 식사하는 테이블을 도는 일은 생각처럼 쉬운 게 아니다. 한참 이야기 중인 손님에게 실례가 되지나 않을까, 피드백은 커녕 귀찮다는 반응이 돌아오면 내 자존심이 상하지나 않을까, 6천 원짜리 국밥 한 그릇 팔려고 이 짓까지 해야 하는가 등 많은 생각이 들 수도 있다. 하지만 장사꾼이라면 저절로 그렇게 될 수밖에 없다. 장사꾼 DNA가 몸에 배인 사람이라면 한 마디라도 더 고객의 목소리를 듣기 위해 고객의 테이블로 가게 된다.

　손에 누룽지를 드느냐, 수첩을 드느냐 하는 것 역시 장사꾼다운 판단력이 필요하다. 장사꾼이란 직감적으로 필요를 느껴야 하고 직관으로 판단해서 빠르게 행동으로 옮기는 추진력도 있어야 한다. 그렇게 해도 성공한 장사꾼이 되기는 쉽지 않다.

　매장에 있다 보면 정말 경험하고 싶지 않은 일을 겪기도 한다. 매장의 상품을 사는 게 아니라 종업원의 인격을 사려는 고객도 가끔은 있다. 식당 종업원이라고 함부로 무시하고 무례한 요구를 하고 매너 없이 대할 때는 고객이 아니라 그냥 질 나쁜 사람으로 보이기도 한다. 물론 그럴 때 나는 적절한 선에서 종업원을 보호한다. 그 역시 장사꾼이 해야 할 일이다. 하지만 그에 앞서 고객이 왜 그런 행동을 하게 되는지 원인을 먼저 생각해야 한다. 그런 결과가 나타나게 된 원인을 살펴봐야 문제 해결의 핵심을 찾을 수 있는 것이다.

　손님이 클레임을 거는 이유가 음식이나 서비스와는 무관할 때도 있다. 회사에서 받은 스트레스를 괜히 엄한 데서 푸는 성향이라거나, 옆

자리의 다정한 남녀에게 심술이 난 경우에도 괜히 종업원에게 트집을 잡는 손님이라면 그에 맞는 적절한 대처를 해야 한다. 어차피 이런 손님은 어떻게든 문제를 일으키기로 작정을 하고 있기 때문에 상식적인 응대를 해서는 해결이 안 된다. 손님의 스트레스와 심술이 보인다면 인간적인 다독거림이 필요하다. 장사를 오래 하다보면 그런 것도 보인다.

'아, 이 손님은 지금 직장에서 상한 자존심을 이런 식으로 회복하려는 거구나. 아, 이 손님은 지금 외로운 거구나.'

손님의 행동에서 그의 마음까지 헤아려 볼 수 있다면 장사꾼 DNA를 갖춘 게 분명하다. 손님이니 무조건 참으라는 얘기가 아니다. 무례한 손님에게 맞대응을 하기보다는 인간적인 연민을 갖고, '고객'이 아닌 '사람'으로 대하라는 것이다. 그러기에 장사꾼은 사람을 좋아하고 사람에게 쉽게 지치지 않아야 한다는 것이다. 늘 사람 사이에 있으면서 사람의 목소리에 저절로 귀가 기울어지는, 그런 것이 바로 장사꾼 DNA다. 고객이 짜다고 하면 음식의 간을 볼 것이 아니라 고객의 기분부터 살펴보는 것도 장사꾼이고, 고객이 무례하게 굴면 얼마나 마음이 아프면 저럴까를 생각하는 것도 장사꾼이다. 여기에 직감과 직관, 추진력까지 있어야 하니 장사꾼, 그거 아무나 되는 건 아닌 모양이다.

03
모두 장사꾼이 되어야 하는 시대

평탄한 길도 많았는데 굳이 가시밭길로 에둘러가려 했던 것은 젊은 패기와 도전정신 때문이었을 것이다. 무모하기도 하고 과감하기도 한 그 청년 사업가는 그 후 삼십 년 동안 외길을 간다. 때로 지치고 외로워 남몰래 눈물을 훔치기도 했지만 사업가의 길로 접어든 인생을 후회한 적은 한 번도 없다.

내 삶은 언제나 도전이었다. 누군가 개척해놓은 길을 따라 편안히 갈 수도 있겠지만 이미 정해진 길을 따라가는 게 싫었다. 내 인생에 무임승차란 없다. 나는 개척자고 탐험가라는 생각으로 지금까지 왔다. 서른도 안 된 나이에 장사를 시작해 삼십여 년의 세월이 지나는 동안 수도 없이 많은 도전을 해왔다. 때로는 발밑을 가늠하기 힘든 늪지대를 지나기도 했고, 때로는 아찔한 벼랑길을 타야 했으며, 또 어떤 때는 온몸이 상처투성이가 되어가며 가시덤불을 헤쳐 나오기도 했다.

앞에서도 언급했듯이 맨 처음 도전한 사업은 <머피>라는 이름의 카페였다. 들어서는 순간, 테이블마다 각각 다른 색깔의 의자가 확 눈에 띄는 게 특징인 곳이었다. 1990년대 우리나라에는 카페문화가 급격하게 파급되고 있었다. 자고 일어나면 여기저기 우후죽순처럼 카페가 생겨나곤 하던 시절이었다. 결국 1990년대 말, IMF 사태를 겪게 됨으로써 그러한 현상이 어느 정도 거품이었다는 분석으로 나타났지만 당시 한국 사회는 낭만적이면서도 풍요로웠다. 그러다 보니 젊은이들 사이에서는 분위기 좋은 카페가 선호되었고, 여기저기 카페들이 생겨났다.

하지만 엇비슷한 분위기에 그렇고 그런 음악이 흐르고 유사한 메뉴와 종업원이 응대하는, 한 마디로 개성이 없는 카페가 대부분이었다. 갓 서른을 넘긴 치기 어린 나는 도전정신과 패기도 강했지만 감성도 넘쳤다고 자부한다.

"그래, 개성과 감성이 있는 나만의 카페를 만들자!"

아이디어를 얻은 곳은 뜻밖에도 가구백화점이었다. 어느 날, 우연찮게 의자를 구입하기 위해 가구백화점에 갔다가 번뜩, 떠오른 아이디어! 이 의자, 저 의자 앉아보는 동안 의자의 모양과 색깔을 손님의 분위기와 기분에 따라 선택하여 앉을 수 있는 카페를 만들면 어떨까, 하는 생각을 하게 된 것이다. 가구점에 갔다가 얻은 영감으로 나는 본격적인 사업 구상에 들어갔다. 강렬한 색감이 끌리는 의자에 앉았을 때의 느낌, 재질이 푹신한 의자에 앉았을 때의 느낌, 다리가 긴 스탠딩체어에 앉아 아래를 내려다보는 느낌, 흔들의자에 앉아 창밖을 내다보는 느낌이 모두 다르다는 걸 깨닫는 순간, 나는 이미 <머피>의 콘셉트를 결정해두고 있었다.

지친 날은 푹신한 소파에 앉고, 돋보이고 싶은 기분이 드는 날이면 스탠딩 의자에 앉고, 흔들의자에 앉아 가만히 생각에 잠길 수도 있는 카페. 손님으로서의 권리를 최대한 누릴 수 있는 카페….

나는 바로 사업을 추진했다. 사업 구상이 끝나자마자 일사천리로 일을 진행해갔다. 가장 정성을 들인 건 인테리어였다. 각기 다른 의자를 배치한다는 것은 자칫하면 산만하고 유치해질 수도 있기에 테이블마다 갓전등을 설치했다. 낮고 은은한 조명으로 전체 분위기에 통일감을 주었다. 테이블 간격도 최대한 늘여서 프라이빗한 느낌을 살리고 바닥과 벽의 마감재도 의자와 조화를 이룰 수 있도록 각별히 신경을 썼다. 그리고 주안점을 둔 것은 종업원 교육이었다. 잊을 수 없는 서비스를 체험하게 하자는 콘셉트를 위해 직원 채용에 특별히 신경을 썼다.

카페는 비교적 젊은 층이 드나드는 곳이기에 지나친 친절은 오히려 거북하지 않겠느냐는 조언도 들렸지만, 가식적인 친절이 아니라 정성이 우러나는 친절을 마다할 사람은 없다는 것이 나의 생각이었다.

일단 손님이 카페 문을 여는 순간, 종업원은 마중을 나간다. 손님이 들어와 두리번거리기 전에 문 앞으로 마중 나간 종업원은 손님의 가방부터 받아준다. 처음에는 가방을 받아주는 문화에 익숙하지 않은 손님이 다소 놀라는 기색을 보이기도 했지만, 가방을 받아주거나 외투를 받아주는 서비스는 은근한 중독성이 있었다. 다른 곳에서는 누릴 수 없는 최고의 대우를 받고 있다는 우월감을 느낀다. 종업원의 안내를 받으며 원하는 의자를 선택하면 앉기 쉽도록 공손히 의자를 빼준다. 손님이 앉고 나면 종업원은 손님 눈높이로 자세를 낮추며 주문을 받는다. 손님은 주문을 하면서 또 한 번 감동했다. '리필'이라는 개념이 생소했던 삼십년 전에도 <머피>에서는 어떤 메뉴든 리필이 가능했던 것이다. 그렇다고 다른 카페보다 가격이 비싼 것도 아니었다. 한 잔 값으로 두 잔을 먹을 수 있다는 건 당시로서는 획기적인 서비스였다.

나는 종업원 교육을 하면서 리필을 많이 해준 직원을 특별히 칭찬했다. 주문서를 보면서 서비스 메뉴를 많이 주문받은 순서대로 직원에게 칭찬을 하면, 간혹 의아한 눈빛으로 나를 보곤 했다. 서비스 메뉴가 많이 나갈수록 상대적으로 매출이 줄어들 텐데 왜 저러나 하는 의미였을 것이다. 지금 생각해도 갓 서른인 젊은 사람의 배포치고는 참 컸다 싶다. 경험이 없고 매사에 서툴렀지만 진정한 서비스가 뭔지, 어떻게 해야 손님이 감동하고 다시 오는지는 정확하게 알고 있었던 것 같다.

그리고 1990년대 선풍적으로 유행했던 아이템은 '삐삐'였다. 남녀노소 할 것 없이 허리춤에 무선호출기, 일명 삐삐를 차고 다녔다. 누군가 삐삐를 통해 호출을 하면 전화기로 달려가 음성 메시지를 확인하던 시절, 거리의 공중전화 부스마다 음성 메시지를 확인하려는 사람들이 길게 줄을 서 있는 것이 당시의 거리 풍경이었다. 삐삐가 오면 이리저리 전화기를 찾아다니던 그때, 나는 <머피>의 테이블마다 전화기를 설치했다. <머피>에 머무는 동안엔 삐삐를 확인하러 일일이 공중전화 부스까지 찾아 헤매지 않아도 되었다. 손만 뻗어 테이블에 놓인 전화기를 들기만 하면 됐다. 삐삐를 치는 것도 마찬가지였다. <머피>에서는 굳이 공전전화 부스 앞에 줄을 서지 않아도 누군가에게 메시지를 전하거나 호출하는 것이 가능했다. 전화비를 따로 받지도 않았다. 그러다 보니 <머피>로 사람들이 몰려들면서 만남의 장소가 되었다. <머피>의 전화번호로 호출을 받은 사람이 <머피>로 왔고, <머피>에서 음성 메시지를 남긴다는 음성을 확인한 사람도 <머피>로 왔다. 삐삐의 번거로움은 없애고 편리함만 누릴 수 있도록 테이블마다 설치한 전화기는 그렇게 손님의 사랑을 독차지했다. 삼십 년 전, 전화 요금만 200만 원 가까이 나왔지만, 테이블 위의 전화기가 보이지 않는 홍보대사 노릇을 톡톡히 했다.

손님이 나갈 때도 가장 역점을 둔 것은 서비스였다. 문 앞까지 마중을 나갔으면 배웅도 나가야 한다는 원칙을 엄격히 지켰다. 들어설 때의 친절한 마중이 인상적이었다면 계산을 마치고 나갈 때까지 그 인상을 유지해야 한다. 계산을 마친 손님 입장에서는 자칫 배웅이 소홀하면 서운할 수도 있다. 들어올 때 받아준 가방을 나갈 때도 들어주는 건 물론이고, 2층에서부터 손님을 따라 내려와 문 앞에서 공손히 인사를 하는 게 <머피>의 손님 응대법이었다.

그날 기분에 따라 선택할 수 있는 의자가 있는 카페, 종업원이 문 앞까지 나와 맞아주고 가방을 들어주는 카페, 음료수 한 잔을 다 마시고 나면 "더 드릴까요?" 하며 물어주는 카페, 손님의 불편을 먼저 해결해주기 위해 테이블마다 전화기를 놓아둔 카페, 나갈 때까지 손님으로서 최고의 대우를 받을 수 있는 카페….

서른 살의 풋내기 사장은 그렇게 사업을 시작했다. 평탄한 길도 많았는데 굳이 가시밭길로 에둘러 가려했던 것은 젊은 패기와 도전정신 때문이었을 것이다. 무모하기도 하고 과감하기도 한 그 청년 사업가는 그후 삼십 년 동안 외길을 간다. 때로 지치고 외로워 남몰래 눈물을 훔치기도 했지만 사업가의 길로 접어든 인생을 후회한 적은 한 번도 없다.

모험 없는 인생은 얼마나 지루할 것인가? 이제 중년을 넘기고 있는 그때의 청년 사업가는 앞으로도 꽤 오랫동안 도전과 모험을 계속할 것이다. 그리고 그 길은 여전히 평탄함을 장담할 수가 없다. 그럼에도 불구하고 묵묵히 외길을 가는 나는 누가 뭐래도 장사꾼 DNA가 몸에 밴 장사꾼이다.

지옥에도 황홀함이 있다

'장사나' 하겠다고 덤벼서 '장사를' 잘 하기를 기대해서는 안 된다. 장사를 하겠다고 마음먹는 순간, 전쟁터에서 지옥으로 일터를 옮긴다는 각오가 필요하다. 그럴 각오가 충분히 되었다면, 그 '지옥'이 얼마나 매력 있는 공간인가를 체험할 기회도 주어진다. 장사, 잘못하면 지옥이 된다. 하지만 그 황홀한 지옥 맛을 보고 나면 안 할 수 없는 게 또 장사다.

K라는 남자가 있었다. 일류 대학을 나와서 어렵지 않게 대기업에 취업했고 순탄하게 중년을 맞이한 남자였다. 적당할 때 결혼도 해서 아들 하나 딸 하나, 오붓하고 화목하게 가정도 꾸렸다. 가정에서는 책임감 있는 가장이었고 회사에서는 유능한 직원으로 무난하게 살고 있었다.

하지만 한창 아이들이 자라고 있을 무렵, 회사 분위기가 심상치 않게 돌아갔다. 뜬소문처럼 들리던 감원설이 점점 실체를 드러내기 시작했고 출근을 하면 분위기가 냉랭한 것이 갈수록 긴장이 고조되었다. 어느 날인가부터 회사는 전쟁터에 비유되기 시작했다. 출근길부터 어깨를 늘어뜨린 K는 집으로 돌아갈 때까지 그 어깨를 바로 펴지 못했다. 같이 입사를 했던 동기들 두엇이 동시에 명퇴를 했다는 말을 들었을 때는 하루 종일 일이 손에 잡히지 않아 거푸 한숨만 쉬어대면서 하루를 다 보내기도 했다.

K는 영업부 평사원으로 입사해 회사를 위해 자신 한 몸 불사르겠다는 각오로 업무를 익혔고, 몸이 아프더라도 회식에 빠지지 않았다. 저녁이면 이런저런 사연으로 안면을 튼 사람들을 접대하고 늦은 밤 귀갓길에는 내일 해야 할 일을 점검하는 것이 K가 살아온 인생이었다. 명함을 내밀면 누구나 알아주는 대기업의 일원이라는 자부심 하나로 이른 출근과 늦은 술자리에도 그다지 불평하지 않으며 살아왔다. 하지만 어느 날 더 이상 그 명함의 주인이 되지 못할 수도 있다는 생각을 하게 되고 자신도 모르게 오금이 저렸다. 유능하다는 평가를 받던 입사 동기 한 명이 또 감원 대상이 되었다는 말을 들으면서 K는 대뜸 현기증부터 느꼈다. 이제 더 이상 남의 일이 아닌 것이다. 회사에 대한 충성도나 공헌도가 안전망이 되어줄 수 없다는 생각이 들자 더욱 어깨가 움츠러들었다. 출근부터 퇴근까지 한 시도 긴장을 늦출 수가 없었고, 혹여 감원 대상에 올라있지나 않은지 늘 노심초사하는 마음이었다. 사정이 이렇다 보니 K는 밥을 먹으면 체하는 일이 잦았고, 부장님의 호출이 오면 덜컹간 떨어지는 소리부터 들렸다. 퇴근을 해서도 자는 둥 마는 둥 뒤숭숭한 꿈에 시달리다 퀭한 눈으로 출근길에 올랐다. 출근을 하는 긴 행렬을 보면서 K는 지금 가고 있는 곳이 회사인지 전쟁터인지 모르겠다는 생각이 들어 아침부터 괜히 우울해지곤 했다.

생각해보면, 현대인들은 늘 긴 행렬을 이루며 줄서기를 해왔다. 유치원 때부터 시작된 줄서기는 좋은 대학을 가기 위한 줄로 이어지고 그 서열의 선두 그룹에 들어야만 등록금이 아깝지 않은 대학에 갈 수 있었다. 대학에 들어갔다고 해서 서열화의 긴 줄에서 벗어나는 건 아니었다. 이제 취업이라는 관문을 통과하기 위한 본격적인 행렬에 합류해야 하는 것이다. 조금이라도 앞자리를 차지하기 위해 스무 살의 청춘은 유예되고 낭만은 저당 잡힌 채 스펙 쌓기에 여념이 없는 시간을 보내왔다. 그렇게 어렵사리 취업에 성공하더라도 순탄한 미래를 보장받지 못한다.

유치원 때부터 중년이 될 때까지 늘 끝이 보이지 않는 긴 줄에 서서 어떻게든 앞으로 가기 위해 피나는 노력을 했고, 막상 선두에 서더라도 기다리는 건 상처뿐인 영광이었다. 대기업에 취업하기까지 남다른 노력을 해 온 K는 이런 현실을 직시하게 되면서 부쩍 말수가 적어졌다. 출근길의 긴 행렬에 합류하는 순간, 이대로 도망이라도 가고 싶을 만큼 왈칵 무섬증이 느껴졌다. 현실이 바로 전쟁터였고 아침마다 전쟁터를 향해 가고 있다는 자각에 머리카락이 곤두서곤 했다.

그러던 어느 날, K는 사교육비가 밑빠진 독에 물 붓는 것처럼 들어가고 있는 아들과 딸, 그리고 아내를 한 자리에 불러 모았다. K는 아침마다 출근을 하는 곳이 전쟁터라는 말은 차마 하지 못했다. 밥을 먹고 나면 체하기 일쑤고 부장님의 호출에는 경기를 일으킨다는 말도 하지 않았다. 대신 명퇴를 하고 퇴직금으로 장사를 시작하면 어떻겠느냐는 말을 조심스럽게 꺼냈다. 가족들은 의아한 눈빛으로 K를 쳐다보았다. 평생 조직에 몸을 담고 월급을 받으며 살아온 사람이 과연 무슨 장사를 할 수 있을까 하는 걱정이 가득 담긴 눈빛이었다. 아내는 남편의 수그러진 어깨를 오래 바라보더니 천천히 고개를 끄덕였다. 아내의 반응에 이어 아이들도 걱정 대신 기대를 담은 눈빛으로 K를 바라보았다.

단박에 K의 처진 어깨에 힘이 들어갔다. 아무렴, 출근부터 퇴근까지 살얼음을 딛듯 조심스럽고 매일매일이 전쟁터인 직장에 내 뼈를 묻기를 가족들이 바라겠는가? 이제 이 지긋지긋한 곳을 벗어날 수 있다는 안도감이 온몸으로 퍼지면서 눈시울이 붉어졌다. 동시에 가족의 기대를 저버려서는 안 된다는 사명감에 불끈 피가 뜨거워지기도 했다.

가족의 걱정과 기대 속에 K가 시작한 건 치킨체인점이었다. 이십 년 가까운 직장생활의 퇴직금에 국가에서 지원해주는 창업자금을 합하니 제법 큰돈이 만들어졌다. K는 대기업 영업부 과장으로 퇴직한 경험을 한껏 살려 영업에 임하고 싶었지만 사실, 식당에는 그런 경험을 접목시킬 만한 요소가 그다지 많지 않았다. 그래도 아파트 상가의 목 좋은 곳에 점포를 잡아주고 인테리어까지 체인본부에서 대행해주니 K는 손쉽게 가게를 개업할 수 있었다. 개업을 하던 날은 가게 밖으로 축하 화환들이 즐비했다. 그 화환들 사이로 친척과 친구들이 온종일 찾아왔다. 덕분에 매출이 쏠쏠했다. 개업 다음 날도 마찬가지였다. K는 역시 과감하게 창업하기를 잘했다며 호탕하게 웃었다. 가족들도 안도의 눈빛을 보내며 따라 웃었다. 하지만 개업한 지 일주일이 지나자 더 이상 웃음소리가 들리지 않았다. 정작 와야 할 손님은 오지 않고 개업 인사를 온 지인들만 일주일 내내 북적거렸던 것이다.

지인의 발길이 뜸해지자 K는 초조해지기 시작했다. 가족들에게는 아직 초기라 그렇지 갈수록 나아질 거라고 큰 소리를 쳤지만 낙관할 일이 아니었다. 비싼 월세는 꼬박꼬박 지출되고 있고 직원 월급도 미룰 수 있는 게 아니었다. 장사가 아무리 안 되더라도 전기세며 공과금이며 나갈 돈은 나갔다. 장사가 안 되는 만큼 신선도가 떨어져 폐기되는 재료도 많았지만 재료를 준비하지 않을 수도 없었다.

하루하루 K의 어깨에서 힘이 빠지기 시작했다. 기대 대신 한숨으로 아침에 가게 문을 여는 날이 이어졌다. 한참 손님이 방문해야 할 시각에 드문드문 차 있는 테이블을 보면 한 뼘씩 어깨가 내려갔다. 눈썹을 휘날리며 배달을 다녀야 할 오토바이는 먼지를 뒤집어쓴 채 가게 앞에 놓여 있었다. 주문 전화를 기다리는 일에도 지쳐 가게 밖에 나와 끊었던 담배에 다시 불을 붙일 때의 마음은 지옥이 따로 없었다.

직장생활을 할 때 매일매일 전쟁터를 향해 출근을 했다면 창업을 하고 난 다음부터는 지옥문을 열듯 가게 문을 열었다. 손님이 오지 않는 식당이란 업주에게는 지옥과 다르지 않았다. 나란히 붙어있는 다른 식당을 향해 가는 손님의 발길을 보고 있는 마음은 지옥 한가운데에 있는 유황불 속에 들어앉아 있는 것 같았다.

빠듯한 직장생활에 지쳐 사는 게 전쟁이라는 말을 입에 달고 있는 사람이 있다. 심지어 시골 가서 '농사나' 짓겠다거나, '장사나' 해보겠다는 말을 서슴지 않고 하는 사람도 있다. 그럴 때 나는 묻고 싶다. 장사를 잘하기가 얼마나 어려운지 아느냐고, 안 되는 장사를 하고 있는 일이 얼마나 피를 말리는 것인 줄 알고 하는 말이냐고 말이다. '장사나' 해서 돈을 번다는 것이 말처럼 쉬울 바에야 누군들 장사를 하지 않겠는가? 장사를 쉽게 생각하는 사람에게 꼭 한 번 물어보고 싶다.

"전쟁터 갈래? 지옥 갈래?"

하지만 전쟁터든 지옥이든 뜻이 있는 곳에는 반드시 길이 있다. 이왕 창업하기로 마음을 먹었고 식당이라는 업종을 선택했다면 지옥의 유황불을 견디겠다는 마음으로 시작해야 한다. '장사나' 하겠다고 덤벼서 '장사를' 잘하기를 기대해서는 안 된다. 장사를 하겠다고 마음먹는 순간, 전쟁터에서 지옥으로 일터를 옮긴다는 각오가 필요하다. 그럴 각오가 충분히 되었다면, 그 '지옥'이 얼마나 매력 있는 공간인가를 체험할 기회도 주어진다.

장사, 잘못하면 지옥이 된다. 하지만 그 황홀한 지옥 맛을 보고 나면 안 할 수 없는 게 또 장사다.

오르막이 있는 것은 당연하다

앞으로도 나는 일말의 망설임 없이 오르막을 선택할 것이다. 왜냐면, 내려오는 길은 넘어지기 쉬우니까. 그리고 한번 내리막길을 선택하고 나면 다시 오르기는 힘들어질 테니까. 내리막이 편하기는 하겠지만 그것은 내 길이 아닌 것 같다.

"울었다, 기도했다, 책을 읽었다."

평생 사업가로 살아온 손정의가 자신의 책 서문에서 한 말이다.

<소프트뱅크> 창업자 손정의는, 세계적으로 뛰어난 사업전략가로 인정받는 동시에 인생의 역경을 극복하고 위기를 기회로 전환한 대표적인 인물이다. 그리고 엄청난 독서광으로도 알려져 있다. 기업을 인수하거나 합병할 때, 혹은 중·장기 사업을 고민할 때, 《손자병법》을 응용해 만든 '제곱병법'의 기준을 철저히 따르는 것으로도 유명하다.

지금은 세계적인 사업가로 평가받고 있지만 그가 오늘이 있기까지 눈물겨운 비하인드 스토리도 많다. 한국계 기업인 손정의가 세계적인 소프트웨어 기업 <소프트뱅크>를 창업한 건 스물여섯 살 때의 일이다. 창업 8개월 만에 출판업에 손을 대면서 사업가의 길로 들어선 그에게

는 성공과 위기가 동시에 왔다. 멋모르고 시작한 출판사가 부도 위기에 몰리면서 손정의에게 첫 시련이 시작된다. 이러한 위기 상황에서 손정의 특유의 과감한 해법으로 9종의 잡지를 매달 60만 부씩 발행할 만큼 출판사업을 성공시킨다. 당시 그는 앞도 뒤도 돌아보지 않고 회사 살리기에 급급했다. 하지만 자신의 몸을 돌보지 않은 그는 만성간염 판정을 받는다. 그 상태로는 6년밖에 살지 못한다는 시한 진단이 내려졌을 때 그의 사업은 막 본 궤도로 진입하려는 순간이었고, 태어난 지 몇 개월밖에 안 되는 딸이 있었다. 또 막대한 빚이 있었다. 눈에 보이지도 않는 간염 바이러스에 의해 죽기에는 벌여놓은 일들이 너무 많았다. 손정의는 투병 사실이 알려지면 은행으로부터 융자금 회수에 대한 압박이 더 커질까 봐, 병원에서 몰래 빠져나가 회의에 참석해야 할 만큼 상황은 나빴지만 그는 잠시도 쉴 수가 없었다. 해야 할 일이 너무 많았던 것이다.

투병과 사업을 동시에 진행해야 하는 손정의가 선택한 방법은 독서였다. 5년의 투병생활 동안 그가 읽은 책은 4,000권에 달한다고 한다. 그중에서도 《손자병법》은 25번이나 재독을 했다. 특히 그에게 투병과 사업에 대한 의지를 되찾아준 책은 33세에 요절한 작가 시바 료타로의 소설 《료마가 간다》였다.

그 책을 통해 얼마나 오래 사느냐보다 얼마나 열정적으로 사느냐를 깨닫게 된 손정의는 시간을 더욱 밀도 있게 써야 한다는 결심을 하게 된다. 그 사이 진전과 퇴보를 거듭하는 병세와 자금 압박, 직원들의 배신 등의 시련이 이어졌지만 그러한 위기를 극복하는 방법 역시 독서였다. "평생 먹고 살 인생의 25자"를 건졌다는 그의 표현대로《손자병법》의 현명하고도 현란한 전략이 인생과 사업의 전략이 되어주었다.

　서두에서 말한 것처럼 "울었다, 기도했다, 책을 읽었다."는 말로 요약되는 그의 인생의 원동력은 무엇이었을까?

　병상에 누워 원격 경영을 하면서도 그가 삶과 사업의 의지를 꺾지 않을 수 있었던 것은, 하루하루 커가는 딸의 웃는 모습을 오래 보고 싶다는 소망 때문이었다. 더불어 그를 믿고 따라주는 직원들의 운명이 그의 손에 달려 있다는 것, 그리고 <소프트뱅크>에 믿음으로 성원하고 있는 고객을 실망시킬 수 없다는 것이었다.

　결국 그는 병마와 싸워 이겨낸다. 그리고 고속 인터넷, 전자상거래, 이동 통신, 파이낸스 및 기술 관련 분야에서 세계적인 기업으로 회사를 성장시킨다. 그가 꿈꾸었던 디지털 혁명을 일으키는 선두주자의 위치로 올라선 것이다.

　또 다른 인물을 예로 들자면 한국계 미국인 코리 리가 있다. 한국 나이로 올해 서른여덟이 되는 코리 리는 5세 때 미국으로 이민을 가서 서른넷의 나이에 샌프란시스코에서 <베누>라는 레스토랑을 개업했다. 세계적인 권위를 인정받는 레스토랑 평가서 <미슐랭 가이드(2015년 판)>로부터 최고의 평가인 '3 STAR' 즉, 별점 세 개를 받은 레스토랑이다. 코리 리의 레스토랑에는 독보적인 노하우가 있다.

　그것은 바로 치밀한 계산과 리허설이다. <베누>에 근무하는 직원은 총 150명이다. 그런데 식사 시간에 최대 70명의 손님만 받는다고 한다.

코리 리는 레스토랑 평가위원과의 인터뷰에서 이런 말을 했다.

"우리 레스토랑에 오시는 손님은 단순히 식사를 하기 위해 오는 손님이 아니라 공연을 보러 오는 관객이라 생각합니다. 손님에게 평생 기억할 만한 추억을 만들어주기 위해서는 맛뿐 아니라 오감을 만족시켜야 합니다."

코리 리는 손님을 '관객'으로 생각하고, 식당 문을 열고 들어오는 순간부터 자리에 앉기까지의 동선과 소요되는 시간까지 조리에 반영하는 것이다. 심지어 식탁의 온도까지 살펴서 요리의 온도와 테이블에 올리는 시간을 정확하게 조절한다고 하니, 외식업을 평생 해온 나로서도 혀를 내두르지 않을 수 없는 치밀함이다.

손정의나 코리 리는 세계적인 명사가 되었다. 그러나 그들의 지나온 길에는 숱한 고뇌와 고통, 인내의 흔적이 있다. 이민자로서의 삶과 질곡, 오리엔탈리즘으로 인한 편견 외에도 보이지 않는 시련들이 항상 그들을 괴롭혀 왔다. 하나 그들은 지금 그 모든 과정을 극복하고 범접하기 힘든 모습으로 우뚝 서 있다. 그들은 현실에 굴복하지 않는 남다른 의지, 그리고 어떻게든 해결책을 찾아내는 집요함과 현명함을 가지고 삶의 파도에 맞서 왔다.

나 역시 이러한 삶의 파도가 수시로 내 앞을 가로막았다. 눈앞에는 언제나 가파르게 솟아있는 고지가 보이고 그것을 향해 가는 길은 어떤 위험이 도사리고 있을지 알 수 없었다. 생각지도 못한 변수에 발이 걸려 넘어지기도 하고, 넘어진 그 자리에 주저앉아 까마득한 고지를 하염없이 바라보고 있기도 했다.

인생이란 나의 뜻대로 이뤄지는 순간보다 엉뚱한 일들로 인해 쓸려가는 경우가 많다는 것을 우리는 대부분 경험했을 것이다. 또 경험하게 될 것이다. 하지만 쓸려가더라도 다시 돌아오면 된다. 지치지 않는 삶이 어디 있으며, 눈물 없는 성공이 또 어디 있겠는가. 인디언의 격언 중에 이런 말이 있다.

"인디언이 기우제를 지내면 꼭 비가 온다. 그들은 비가 올 때까지 기우제를 지내기 때문이다."

올라가는 길은 늘 힘들다. 더욱이 알지 못하는 길이라면 그 강도는 더하다. 쉬고 싶을 때가 있을 것이고 다시 내려가고 싶기도 할 것이다. 왜 한 번뿐인 인생을 이렇게 아등바등 살아야 하는지 원망스러울 때도 있다. 하지만 아무것도 하지 않으면 아무 일도 일어나지 않는다. 우리는 기억도 안 나는 아주 어린 시절 2,000번쯤 넘어졌기에 지금 제대로 걸을 수 있는 것이다. 넘어진다는 것은 축복이다. 무릎이 까지고 발목이 삐끗하더라도 다시 일어설 수만 있다면 더없는 행운이다. 인생을 제대로 바라보고 삶의 온전한 의미를 알기 위해서는 고통을 극복하는 훈련이 필요하다. 비로소 고통을 극복하고 두 다리로 다시 일어나 걸음을 걷기 시작할 때, 세상이 알아주지 않는다 해도 나 자신이 알아준다면,

충분히 성공한 인생이라고 할 수 있지 않을까.

우리가 사는 세상은 결코 녹록하지 않다. 사람들은 성공한 사람들의 신화를 보며 박수를 치지만, 그 신화를 이루어내기 위하여 그들 역시 고통을 감내하며, 하루하루를 눈물로 버텨낸 보통 인간들이었음을 상기하자.

그러므로 고통을 무서워하지 마라. 넘어지는 것을 두려워하지 마라. 오르막길을 보며 한숨을 내쉬지 마라. 인생의 짐은 그 사람이 충분히 질 수 있을 만큼만 온다.

만약 지금 어깨에 짐이 엄청나다면, 다시 말해 당신은 그것을 극복할 수 있는 사람이라는 뜻도 된다. 덧붙여 나는 앞으로도 한 치의 망설임도 없이 오르막을 선택할 것이다. 왜냐하면 내려오는 길은 넘어지기 쉬우니까. 그리고 한번 내리막길을 선택하고 나면 다시 오르기는 힘들어질 테니까. 내리막이 편하기는 하겠지만 그것은 내 길이 아니다.

늘 숨이 차고 고단함이 기다리고 있겠지만 갈 수 있는 데까지 나는 열심히 올라갈 것이다. 내리막길로 접어들기에는 아직 하고 싶은 일도 해야 할 일도 너무 많다.

2장

기본에
충실하면
망하지
않는다

06
"이래도 남습니까?"

이래도 남느냐는 말이 손님의 입에서 저절로 나올 만큼 '퍼주는' 장
사가 결국은 남는 장사다. 물론 맛없는 음식을 많이 퍼준다고 손님
이 감동하는 건 아니다. 바르고 좋은 재료, 조리할 때의 정성, 손님
에게 좋은 인상을 주려는 노력, 그 모든 걸 퍼줘야만 비로소 손님은
'퍼준다.'는 느낌을 받는다.

"이래도 남습니까?"

계산대에 있다 보면 자주 손님으로부터 듣게 되는 말이다. 결론은 물
론 남는다. 남지 않는 장사는 없다. 아마도 손님은 다른 식당과 비교해
서 과다한 서비스를 받았다고 여겨지거나 음식의 내용으로 보아 재료
비가 많이 들었을 거라는 추측으로 그런 말을 했을 것이다. 하지만 장
사는 산술계산만으로 하는 게 아니다. 원리는 간단하다. 손님만 많이 오
면 아무리 퍼줘도 남는다. 백 명의 손님이 왔을 때와 천 명의 손님이 왔
을 때의 재료비는 산술적으로 계산해서 답이 나오는 것이 아니다.

<더도이 덤>에서는 주 아이템 못지않게 '덤'에 신경을 쓴다. 막국수

한 그릇을 먹으면 생고기로 만든 떡갈비를 덤으로 주는 집이다. 고객들은 막국수가 비싼지 떡갈비가 비싼지를 두고 설전을 벌이기도 한다. 일반 막국숫집과 같은 가격을 붙여놓은 메뉴판을 보고 고개를 갸우뚱거리는 고객들도 더러 있다. 그리고 계산을 하면서 건네는 말이 "이래도 남는 거 있습니까?"

국수를 먹는데 덤으로 고기를 내놓는다는 발상이 손님에게 때로는 재미로, 때로는 감동으로, 그리고 때로는 의문으로 비치는 걸 보면서 역발상의 묘미를 또 한번 느낀다. 하지만 반짝하는 발상만으로 고객을 감동시키겠다고 생각한다면 그건 아주 위험한 생각이다. 남는 게 있느냐는 의문이 생길 만큼 퍼준다는 콘셉트에서 재료비를 아낀다면 그건 장사를 그만하겠다는 소리다. 지금 때가 어느 때인가? 양 많다고 손님이 몰리던 때는 기억도 가물가물한 오래전 풍경이다. 막국수에 고기를 덤으로 주면서 메인 요리인 막국수를 소홀히 한다면 고객은 얄팍한 상술을 느끼게 될 것이다.

"그럴듯한 덤으로 손님을 유인하는 장삿속이구나."

한번 그렇게 여기게 된 고객의 발길을 되돌리는 것은 불가능하다. 그나마 동네방네 나쁜 소문만 안 내줘도 감사할 따름이다.

<더도이 덤>의 막국수는 재료부터 조리까지 정말 공이 많이 들어간다. 막국수의 기본은 육수다. 국물 맛을 내기 위해 넣는 재료는 한두 가지가 아니다. 깊은 맛을 내는 재료들을 아낌없이 넣어 최소 4시간 이상 우려내야 비로소 국물이 준비된다. 그러다 보니 손님상에 막국수가 오르면 국물부터 폭풍 흡입하게 된다는 손님들이 있다. 나는 손님들의 칼

같은 날카로운 입맛에 공포감을 느낄 정도다.

면을 만들 때도 연구에 연구를 거듭했다. 막국수 전문점이 아닌가? 쫄깃하면서도 매끈한 식감을 가지려면 우선 최고급 품질의 메밀을 써야 하는 것은 기본이다. 이렇게 엄선한 메밀을 납품받아 반죽을 하고 사흘 이상 숙성시킨 뒤, 수작업으로 일일이 밀어 면을 만들다 보면 요리가 아니라 작품이라는 생각이 들 때도 있다. 또한 <더도이 덤>의 노하우는 양념장에 있다. 매콤하면서도 달콤하고, 그러면서도 새콤한 양념을 만들어내기란 쉽지 않다. 게다가 짜지 않아야 국물을 들이켜면서 나트륨의 공포를 느끼지 않는다. 맛이라는 것이 매운맛이 개운하려면 좀 달아야 하고 감칠맛 나게 새콤하려면 짠맛이 살짝 돌아야 하는데, 짜지 않으면서도 이 모든 맛을 다 담아낸다는 것은 쉬운 일이 아니다. 양념장을 개발하는 과정 또한 요리가 아니라 노벨상에 도전하는 과학자의 연구에 가까웠다.

나는 모든 재료를 직접 엄선한다. 직접 운영하는 방앗간에서 갓 빻아 온 고춧가루는 물론이고 참기름 한 방울까지 내가 직접 골라야 직성이 풀린다. 보이지 않는 사골부터 고명으로 얹는 야채 한 조각까지 정성에 정성을 거듭 들여 완성하고 나면 수제 떡갈비를 굽는다. 흔히 밥이 보약이라는데, 국수만 먹으면 왠지 심리적으로 허전함을 느끼진 않을까 하는 마음에서 고기를 덤으로 손님의 식탁에 올리자는 생각을 했고, 메밀과 어울릴만한 고기 레시피를 찾아낸 게 떡갈비였다. 그러니 손님이 차가운 막국수를 시식하는 동안 부지런히 떡갈비를 구워 따뜻하고 든든하게 속을 채워주겠다는 생각이 결국 고객감동으로 이어졌다.

덤이라 하여 소홀히 하면 자칫 메인 요리까지 폄하되기 십상이다. 손님이 알아주든 안 알아주든 떡갈비는 숯불에 굽는다. 숯불구이는 요리를 하는 입장에서는 다소 번거로움을 감수해야 하지만, 냉동이 아닌 고기를 당일 판매량만 반죽해 만드는 정성이 아까워서라도 숯불에 구워 최대한 맛을 살려야 한다. 그렇게 구운 떡갈비를 막국수 옆에 내놓으면 손님은 영양적, 심리적으로 궁합이 척 들어맞는 음식상을 받게 된다.

〈더도이 덤〉이 TV에 방송된 적이 있다. 맛집을 탐방하는 방송 프로그램이 워낙 유행을 하다 보니 더러 방송에 출연해달라는 의뢰가 들어오곤 하는데, 방송국에서 출연 섭외를 요청한다는 건 대중이 관심을 가질 만한 뭔가가 있기 때문일 것이다.

역시 〈더도이 덤〉에서 주목을 받은 건 '덤'이었다.

"가격이 비싸지도 않으면서 떡갈비를 덤으로 준다고?"

"그럼 맛이 없겠지. 재료비를 아껴야 고기를 덤으로 줄 테니 말이야."

호기심으로 찾아온 고객이 나누는 대화다. 그러나 음식을 먹기 시작하면 더 이상 이런 말을 하지 않는다. 국물부터 양념장까지 그렇게 정성을 다한 막국수는 흔치 않으니 당연하다.

<더도이 덤>을 찾아온 고객의 그다음 반응도 재미있다. 기름이 지글지글 끓고 있는 따뜻한 떡갈비를 한 젓가락 먹고 나면 "이거 정말 덤, 맞아요?"하는 눈길로 종업원을 쳐다본다. 그런 손님들이 입소문을 내면서 급기야 방송국 음식 관련 담당 피디로부터 출연 의뢰 전화를 받는 상황까지 가게 된 것이다.

지금도 가끔 "이래도 남습니까?"라는 한마디를 듣게 되면 슬그머니 입가에 웃음이 떠오른다.

"예, 이래도 남습니다. 손님께서 맛을 알아주시고, 제 노력을 알아주시고, 제 마음을 알아주시니 남아도 엄청 많이 남습니다."

계산을 마치고 나가는 손님의 뒷모습을 향해 나는 그렇게 긴 대답을 한다. 그리고 건강하고 행복하기를 바라는 마음으로 그 손님을 오래 지켜보고 있게 된다.

다시 한 번 강조하지만, 이래도 남느냐는 말이 손님의 입에서 저절로 나올 만큼 '퍼주는' 장사가 결국은 남는 장사다.

07

모두가 주방장이 되어야 한다

종업원에게 미소를 지으라고 교육하기 이전에 미소 지을 일을 만들어 주자. 현실이 고달픈데 미소 교육이 되겠는가? 내 직원들 다 돈 벌러 나왔다. 그렇다면 어떻게든 한 푼이라도 더 벌어가게 만들어주자. 그것이 사장으로서 할 일이 아닌가 싶다. 손님이든 직원이든 내가 아는 모든 사람이 행복했으면 좋겠다.

오래전 <바그다드 카페에는 커피가 없다>는 영화를 본 적이 있다. 이 영화를 본 건 순전히 제목 때문이었다. 카페에 커피가 없으면 도대체 뭐가 있단 말인가? 제목이 주는 호기심에 이끌려 나도 모르게 영화관으로 들어갔다. 사막 한가운데 있는 <바그다드 카페>는 바그다드와도 무관하고 물론 커피도 판매하는 카페였지만 제목과 썩 잘 어울리는 영화라는 생각을 했다. 커피가 없는 카페라는 역발상이 영화의 주제와 그대로 맞아떨어졌다. 그런데 커피 없는 카페가 있듯 주방장이 없는 식당도 있다.

<더도이 식품> 체인점에는 주방장이 없다. 식당에 주방장이 없다고? 이 말을 들으면 사람들은 고개부터 갸웃거리지만 사실이다. 주방장 없

이도 식당은 잘 운영된다. 매장에 주방장이 없는 대신 본사에 연구원은 많다. 주방장이 할 일을 본사 연구실에서 하는 이유로 연구비 투자는 엄청나다. 하지만 나는 연구비로 들어가는 돈을 아까워한 적이 없다. 간혹 무책임하고 비인격적인 주방장과의 관계로 인하여 정말 힘들다는 외식업주를 만나게 되는데 이로부터 자유로우려면 연구실이 튼실해야 한다. <더도이 식품>의 규모에 비해 과다한 투자가 아니냐는 말도 듣지만 나는 연구실이 잘 돼야 회사가 잘 된다는 소신을 굽힌 적이 없다.

외식업을 한다는 건 생각보다 단순하지 않다. 규모가 크든 작든 일반적인 사업자가 할 일은 다 해야 한다. 생산과 판매는 물론이고 영업, 인사관리, 세금 관련 업무까지 하나라도 소홀히 할 수 없다. 그중에서도 식당이라는 업종은 사장과 주방장과의 파워게임이라는 특수성이 있다.

주방과 홀의 손발이 척척 맞아 돌아갈 때는 손님이 많건 적건 매장이 건강한 활기를 띤다. 그러나 주방과 홀의 직원 사이에 갈등의 조짐이 보이면 왠지 미묘하고 부자연스러운 느낌이 매장 안을 감돈다. 이럴 때, 사장은 예민하게 된다. 대체로 모른 척 지켜보고 있지만 조율사를 자처하고 나서야 할 때도 있다. 일단 사장이 개입하게 되면 전체적인 화합을 이끌면서 개인적인 의사도 존중해줘야 하는데 그게 그렇게 말처럼 쉽지 않을 때가 많다. 특히 주방장과의 관계를 적절히 조율하지 못하면 치명타를 입기 십상이다.

주방장은 매장의 기본을 맡은 자리다. 따라서 주방장이 자리를 굳건히 지키지 못하면 직접적인 타격으로 이어지게 된다. 당장 메인 메뉴를 만들어내지 못하는 상황이니 식당으로서는 그날 영업을 정상적으로 할 수가 없다. 주방장은 함부로 아파서도 안 되고 감정 표현을 너무 많이 해도 곤란하다. 그러다 보니 사장이 주방장인 경우가 아니라면 사장과 주방장은 늘 힘겨루기를 하는 구도가 형성된다. 주방장의 어깨에 의무와 함께 권리도 실리기 때문이다.

주방장도 사람인 이상 사고를 당하거나, 심하게 몸살이 날 수도 있고 집안에 초상이 발생하는 등의 돌발 상황이야 어쩔 수 없는 경우이지만, 고의적으로 자리를 이탈하는 주방장도 더러 있다. 사전 통보 한마디 없이 주방장이 출근을 안 한다는 건 사장과 힘겨루기 한 판을 해보자는 의도일 경우가 많다. 주방장 없이는 정상적으로 영업을 할 수 없는 곳이 식당이고, 주방장이 하루라도 자리를 비우면 그날 매출은 물론이고 단골까지 놓치는 결과로 이어진다. 사장으로서는 기가 찰 노릇이다.

나 역시 삼십 년 외식업을 해오면서 인격이나 책임감이 결여된 주방장과 일을 해본 경험이 있다. 소위 '주방장 곤조' 때문에 골머리를 앓았다는 주위 식당 사장들의 얘기 또한 많이 들었다. 외식업이 안고 있는 태생적 고질병이다. 이런 위험변수는 사전에 차단하는 게 최선일 것이다.

최근의 일이다. <종가집 돼지국밥>에서 고기를 삶는 일을 맡은 직원이 무단결근을 했다. 출근시간이 지나도 나타나지 않자 급히 전화를 해봤지만 전화기는 꺼져 있었다. 처음에는 걱정이 앞섰다. 뭔가 예기치 못한 사고를 당한 건 아닐까? 이런저런 생각으로 걱정을 하고 있는데 누군가로부터 어젯밤 친구들과 어울려 늦은 시간까지 과음을 하더라는 제보가 들어왔다. 나는 그날 바로 그 자리에 다른 직원을 채용했다. 정해진 양대로 다듬어진 재료를 정해진 순서로 넣어서, 정해진 시간만큼 삶으면 되는 일이었다. 잠깐의 공백은 내가 메웠다. 누구든 그 자리에 투입되는 순간 매장의 사이클에 전혀 지장이 없다. '주방장의 감'이니 '손맛'이니 하는 감각에 의존하는 대신 전 업무를 매뉴얼화 시켜놓은 덕분이었다. 이러한 까닭에 내가 연구비 투자를 소홀히 할 수 있겠는가? 그동안의 연구 노하우로 만든 매뉴얼이 있는 이상 주방장과의 힘겨루기는 할 필요가 없어졌다.

돼지국밥집에서 고기를 삶는 일은 핵심적인 업무다. 물론 재료 선별부터 서빙까지 중요하지 않은 일은 없지만 고기를 제대로 삶지 못하면 기본이 무너지고 나머지 일은 아무리 잘 해도 소용이 없다.

　"주방장 곤조"를 부리느라 그렇든, 책임감이 미성숙해 그렇든 직원의 인격만 믿고 있다 보면 사장과 직원의 미묘한 힘겨루기에 에너지를 다 소모하게 된다. 아이템 개발하랴, 영업 전략 짜랴, 홍보하랴 눈코 뜰 새 없이 바빠서 모자라는 게 시간인데 그런 불필요한 일에 시간 낭비를 할 수는 없지 않은가?

　주방장이 없는 대신 직원들 모두가 성실한 식당이 되어야 한다.

　나는 직원들과 함께 성장하고 싶다. 한 번 맺은 인연도 소중하고 직원들이 발전하는 모습을 보는 것도 더없이 소중하다. 나는 일개 장사꾼이지만 적어도 직원을 아끼는 마음은 대기업 총수 못지않다고 자부한다. 그러나 이런 내 마음을 몰라주는 직원이 있을 때 심하게 상처를 받는다. 하고많은 직종 중에 하필 외식업에 뛰어들었는가 하는 회의에 빠질 때는 매출이 오르지 않을 때가 아니라 직원으로부터 상처를 받았을 때다. 하지만 매장을 돌 때마다 활짝 웃으며 반겨주는 직원들을 볼 때면 어떻게든 저 사람들과 함께 잘 살아야겠다는 각오를 다지기도 한다. 나를 믿고 일을 하는 직원들의 복지를 위해 무엇을 어떻게 해줄 것인가가 항상 나의 화두다.

나는 매출의 10%는 무조건 직원들의 복지자금으로 비축해둔다. 오래 근무한 순서대로 매장당 2~3명을 차출해 연말에 해외여행을 보낸다. 며칠씩 집을 비우기 어렵거나, 여행보다 돈이 절박한 경우라면 목돈으로 준다. 물론 급여와는 무관하게 내 사재를 털어서 준다. 개인당 적금을 들어두었다가 연말에 만기가 되면 지급하는 것이다. 그리고 이것과는 별도로 '부자 되기 프로젝트'를 진행하고 있다. 일종의 종업원 지분제라고 할 수 있는데 근무 연한에 따라 인센티브 형식으로 <더도이 식품>의 지분을 배당해주고 있다.

내 생각은 그렇다. 종업원에게 미소를 지으라고 교육하기 이전에 미소 지을 일을 만들어주자. 현실이 고달픈데 미소 교육이 제대로 되겠는가? 저마다 개인사가 있고 고비도 있겠지만 사장으로서 해줄 수 있는 건, 현실적인 비전을 제시해 주는 일일 것이다. 그렇다면 돈 벌기 위해 일하는 사람들, 어떻게든 한 푼이라도 더 벌어가게 만들어주자. 그것이 사장으로서 할 일이 아닌가 싶다. 손님이든 직원이든 내가 아는 모든 사람이 행복했으면 좋겠다.

08

톨스토이에게 배우는 장사의 기본

오늘 온 손님이 만족하며 갔다 해서 안심할 일이 아니다. 식당 주인이라 하여 식당 일만 알아서는 곤란하다. 사회적 트렌드를 인지하지 못하거나 사회적 이슈를 모르면 외부 변수에 대응하지 못한다.

성공하는 집은 그 집만의 이유가 있고, 실패하는 집도 그 집만의 이유가 있다. 장사에 있어서 일반적인 원론이란 없다. 같은 입지조건, 같은 아이템에 사업장 규모도 비슷한데 왜 옆집으로만 손님이 몰려가는 걸까? 이러한 고민을 하고 있다면 톨스토이를 참고하라.

"행복한 가정은 비슷한 이유로 행복하지만 불행한 가정은 나름의 이유로 불행에 이른다."

톨스토이의 소설 《안나 카레니나》에 등장하는 첫 구절이다. 한 가정이 행복하기 위해서는 경제적 안정과 건강, 가족애, 건전한 역할, 주위의 인정, 가족 구성원들의 정체감 및 사회적 성취도 등의 요건이 갖추어지면 될 것이다. 그런데 불행해지는 이유는 그렇게 한 줄에 꿸 수 있는 게 아닌 것 같다. 남이 보기에는 부족한 것 없어 보이지만 납득할 수 없는 이유로 불화를 겪는 가정이 많다. 건강하고 성실한 부모 밑에서 성장하면서도 유독 부모의 기대와는 다르게 반항하는 자식이 있는가 하면, 자식의 모든 걸 간섭하는 부모도 있다. 심지어 결혼을 시키고 나서도 자식의 주위를 뱅뱅 도는 '헬리콥터 맘'이니 '캥거루족'이니 하는 신조어가 등장하는 걸로 봐서 톨스토이의 말처럼 가정이 불행해지는 이유는 단순하게 생각할 게 아닌 것 같다.

장사도 마찬가지다. 잘 되는 이유도 한둘이 아니지만 안 되는 이유는 참으로 다양하다. 큰 틀에서 보자면 맛있고 값싸고 서비스 잘 해주고 입지조건이 좋으면 장사가 잘될 요소는 얼추 갖추었다고 볼 수 있다. 물론 이것만으로 성공이 보장되는 건 아니지만 웬만한 요소를 어느 정도 갖춘 걸로 보인다. 그런데도 장사가 안 되는 건 어떻게 분석해야 할까? 장사의 성패는 결국 디테일에서 결정된다.

요즈음은 많은 사람들이 '맛집 평론가'다. 사람들이 모이면 꼭 한 번은 화제로 오르는 것이 맛집 이야기다. 김치찌개를 먹으면 유명한 김치찌개 식당을 이야기하고 삼겹살을 먹을 때면 독특한 삼겹살 식당이 화제가 된다. 그런데 그런 얘기들을 잘 들어보면 사람마다 생김새가 다르듯 만족을 느끼는 포인트도 얼마나 제각각인가를 알 수 있다. '맛'이라는 건 단지 미각으로 느끼는 감각만이 아니라 먹을 때의 기분, 배고픈 정도, 함께 먹는 사람과의 관계, 심지어 식사를 하는 순간의 스트레스 강도도 영향을 미치기 때문이다. 그러다 보니 '맛'에 대한 인식도 천차만별이고 맛있는 집이라고 추천을 하는 이유도 모두 다르다. 어쩌다 같은 식당을 이야기하면서도 각각 다른 관점으로 이야기를 하는 경우도 있다. 누군가는 그 집의 고기 색깔에 감탄하고 누군가는 그 집의 소스에 후한 점수를 준다. 또 다른 누군가는 육즙의 식감으로 그 집을 평가하고, 또 누군가는 함께 제공되는 사이드 요리로 음식의 질을 논하기도 한다.

따라서 공통적으로 긍정적인 평가를 받는 집은 그만큼 대중적인 기호와 요구를 잘 반영하고 있는 집이라고 해도 과히 틀린 말이 아닐 것이다. 하지만 모든 사람의 입맛에 맞고 요구를 맞춰주게 된다면 자칫 잘못하면 '개성'을 상실할 수도 있다. 식당에서 개성을 상실한다는 것은 언제든지 개성이 강한 다른 곳으로 손님을 빼앗길 수 있다는 말이 되기도 한다. 그만큼 손님이란 요구도 많고 까다롭고 바라는 것도 많은 존재들이다. 그렇다면 이렇게 까다로운 손님의 발길을 어떻게 지속적으로 붙잡을 것인가?

나는 그 답을 톨스토이에게서 찾을 수 있다고 생각한다. 행복한 가정이 비슷한 이유로 행복한 것처럼 손님이 찾아오는 이유는 상식적인 선에서 생각할 수 있다. 그러나 주기적으로 드나들던 손님, 즉 단골이 어느 날부터 발길을 뚝 끊는다면 그 이유가 뭘까를 면밀하게 분석하지 않으면 안 된다. 즉, 가정이 불행에 이르게 되는 것이 상식을 벗어난 나름의 이유가 있는 것처럼 식당이 안 되는 것도 생각지 못한 변수가 작용할 수 있다는 것이다.

계절적 선호도나 문화적 트렌드, 예기치 않은 사회적 이슈 등도 손님의 기호와 직결된다. 즉, 냉면이나 굴국밥처럼 계절을 타는 음식이라면 당연히 계절이 바뀜과 동시에 방문율이 달라진다. 이럴 때는 계절마다 제철 메뉴를 내놓아야 손님이 꾸준하다. 여름에 냉면을 맛나게 먹은 기억으로 겨울에 굴국밥을 먹으러 다시 오도록 유도해야 한다. 그런데 문제는 전혀 예측하지 못했던 문화적 트렌드에 좌지우지되는 경우도 많다는 것이다.

'웰빙'이라는 말이 생활 깊숙이 파고들었다. 그 영향을 가장 직접적으로 받은 것이 바로 음식이다. 지금까지 잘 먹고 있던 음식이 갑자기 정크푸드로 전락하는가 하면 예사로 먹던 반찬이 거의 '약' 수준으로 등극하는 일도 생겼다.

일일이 영양 성분을 분석하고 그 성분이 어느 장기에 좋다느니, 어떤 기능을 강화한다느니, 면역효과가 있는 성분이 다량 함유된 식품이라느니, 혈액순환에 도움을 준다느니, 피로 회복에 효과가 있다느니…. 항암효과가 있다는 음식은 또 왜 그리 많은지….

이제 음식은 웰빙이라는 관문을 통과하지 않으면 안 된다. 그러다 보니 순수한 맛으로만 먹는 음식은 상대적으로 폄하되고 조금이라도 '기능'을 갖추지 않은 음식을 먹게 되면 마치 큰 손해라도 본 것처럼 억울하기까지 하다. 이런 추세에 맞춰 식당들은 너도나도 웰빙적 식재료를 쓰기 시작했다. 이제 맛이나 영양을 넘어 건강에 도움이 되느냐 안되느냐를 따지는 손님의 기호를 무시한 식당은 손님을 붙잡지 못하는 상황이 되었다. 톨스토이 식으로 이야기하자면 지금까지 행복했던 가정이 불행해진 것은 다소 의외의 이유에서 기인한 것이다. 즉, 음식의 맛이나 가격, 서비스, 입지조건, 업장의 규모 등 상식적으로 생각할 수 있는 요소가 아닌 사회적 트렌드에 의해 손님의 기호가 예기치 않은 곳으로 전환된 것이다.

때로는 사회·정치적인 이슈가 지대한 영향을 끼칠 때도 있다. 예를 들면 국가 간 외교에 의해 수입 식재료의 수급에 변동이 생기면 치명타를 입는다. 갑자기 불거진 광우병이 느닷없이 한우 가격을 올려놓기도 하고, 늘 있어온 비브리오 패혈증이 논점화되면서 전국의 횟집이 파리를 날리고 모 소주회사의 비양심적인 기업 윤리가 이슈화되면서 타격을 받은 집은 또 좀 많았던가?

이렇듯 의외의 변수들이 늘 도사리고 있는 것이 식당이다. 따라서 오늘 온 손님이 만족하며 갔다 해서 안심할 일이 아니다. 식당 주인이라 하여 식당 일만 알아서도 곤란하다. 사회적 트렌드를 인지하지 못하거나 사회적 이슈를 모르면 외부 변수에 대응하지 못한다. 사회가 어떻게 변해가는지, 최근의 트렌드는 무엇인지, 뜻밖의 사건이 일어나면 그것이 사회 각 부분에 어떤 영향을 미칠 것인지 예견하고 대비하는 것 또한 식당 주인이 갖춰야 할 덕목이다.

행복한 가정은 비슷한 이유로 행복하지만 불행한 가정은 나름의 이유로 불행에 이른다고 한다. 외식업도 그렇다.

09

절박함이 가장 큰 동기부여다

절박해지면 안 보이던 것들이 보인다. 바닥을 치면서 더 이상 내려 갈 곳이 없어질 만큼 절박해지면 초능력이 생긴다. 손님을 향해 더 몸을 낮추게 하는 것도 절박함이고, 몇천 원 들고 우리 업소를 와주 는 손님이 진심으로 고마운 것도 절박하기 때문이다. 그런데 문제는 이렇게 고비를 넘기고 나서다.

전나무는 가장 혹독한 환경에서 가장 아름다운 꽃을 피운다. 둥치가 곧고 가지를 길게 뻗는 특성으로 인해 크리스마스트리로 활용되는 전 나무는 환경이 열악할수록 더 탐스러운 꽃을 피운다. 추위에 강해 극지 방에서도 잘 자란다. 눈 속에 도열해 있는 전나무를 보면 누구나 자연 의 경이를 느끼게 되는 것이 전나무의 특징이다.

하지만 추위에 강한 것이 특징이고 웬만한 병충해에도 끄떡하지 않 으면서 늘 푸르게 숲을 지키는 전나무도 약점은 있다. 에틸렌이나 아황 산가스 등 오염된 대기 중에 노출되면 위엄을 잃고 힘없이 쓰러져버리 고 만다는 것이다. 그러다 보니 도심에서 전나무는 점점 사라지고 있고 머지않아 전나무 가로수를 보는 것이 힘들어질 것이라는 전망이 나오고 있다.

전나무는 공해에 찌든 도심 한가운데에서 왜 가장 아름다운 꽃을 피우는 걸까? 아마도 오염된 대기를 극복하기 위한 최선의 방법을, 강인한 생명력으로 강구한 것이 꽃의 형태로 나타났을 것이다. 곧고 위엄스러운 자태를 더 이상 유지하기 힘들 만큼 나빠져버린 환경에서 할 수 있는 선택은 탐스러운 꽃을 피워 올려 벌과 나비를 유혹하여 개체 번식을 하는 것이었고 그러자니 혼신의 힘을 다해 꽃을 피울 수밖에 없었을 것이다. 이렇듯 때로는 절박해야 보이는 것들이 있다. 평생 번 돈을 다 쏟아부어 식당을 열었는데 손님이라고는 가뭄에 콩 나듯 들어오면 안 보이던 게 보이게 된다.

미국의 하워드 슐츠라는 사람이 커피숍을 세울 계획서를 들고 투자할 사람들을 찾아다녔다. 만나는 사람마다 붙들고 열심히 투자설명을 했지만 선뜻 투자자로 나서는 사람이 없었다. 217명이 그에게 거절을 표명했다. 그러나 포기하지 않은 결과 218번째 만난 사람으로부터 투자를 받을 수 있었다. 그렇게 창업한 커피숍이 바로 <스타벅스>이다.

월트 디즈니는 허허벌판에 디즈니랜드를 세우겠다는 야심 찬 계획을 세웠다. 기획서를 들고 각 은행을 찾아다니며 투자를 유치하기 위하여 분주하게 쫓아다녔다. 하지만 어느 은행에서도 투자를 지원하겠다는 약속을 받아낼 수 없었다. 그렇게 20년 동안 발품을 판 결과 드디어 한 은행이 투자 지원을 약속했다. 디즈니랜드는 그렇게 시작되었고 창사 이래 지금까지 줄곧 그 은행만 거래하고 있다.

고 박정희 전 대통령과 <현대건설>의 정주영 회장이 1975년, 청와대에서 회동했던 이야기는 유명하다. 석유파동(1973년)으로 달러를 벌어들인 중동의 국가들이 여러 가지 사회 인프라를 건설할 무렵이었다. 너무 더운 곳이라 선뜻 일하러 가겠다고 자원하는 국가가 없었다. 중동의 국가들은 대한민국에도 의사를 타진해 왔다.

너무 더워서 낮에는 일을 할 수 없고 건설공사에 절대적으로 필요한 물이 없어 공사를 할 수 없는 나라에서 달러를 벌어올 방법이 없을까 고민하던 박정희 대통령이 정주영 회장에게 넌지시 방법을 찾아보라는 지시를 했다.

대통령과의 회동 이후 5일 만에 정주영 회장은 청와대에 들어가 박정희 대통령을 만나 다음과 같이 말했다.

"중동은 이 세상에서 건설공사 하기에 제일 좋은 지역입니다. 일 년 열두 달 비가 오지 않으니 1년 내내 공사를 할 수 있고, 건설에 필요한 모래, 자갈이 현장에 있으니 자재 조달이 쉽습니다. 물이 없다는 게 문제지만 가장 가까운 강에서 끌어오면 되고, 50도의 더위는 낮에는 자고 밤에 일하는 방법으로 극복하겠습니다."

30만 명의 대한민국 인력이 열사의 나라로 떠났다. 물론 이 과정에서 반대하는 사람이 적지 않았다. 기업이나 공무원을 비롯해 국민들까지 무모한 짓이라며 만류하는 사람들을 설득하는 일도 만만치 않았다. 하지만 의지를 굽히지 않고 30만 명의 인력이 낯설고 물설고 말도 선 중동행 비행기에 올랐다. 낮에는 모래 위에 천막을 쳐놓고 잠을 자고, 밤에는 횃불을 들고 일을 했다. 세계가 놀랐다. 달러가 부족했던 그 시절,

30만 명의 일꾼들이 보잉 747 특별기편으로 달러를 싣고 돌아왔다. 그렇게 밝혀진 사막의 횃불은 아직도 이어지고 있다.

최운정 프로골퍼 이야기도 감동적이다. 최운정 선수가 156개의 경기를 치르는 동안 두각을 나타내지 못하다가 <미국여자프로골프 투어 마라톤 클래식>에서 우승을 차지한 건 157번째 게임이었다. 프로선수로서 150개가 넘는 경기를 치르면서도 인정을 받지 못했다면 포기를 해도 진즉 했어야 했다. 그 숱한 패배를 딛고 일어나는 용기는 어디서 오는 것일까? 자기 자신에 대한 믿음, 그리고 해내겠다는 의지 그것이 답이라고 생각한다.

나도 역시, 국밥과 수육이라는 보편적인 아이템의 차별화를 시도한 돼지국밥 전문점 <더도이 종가집> 학장점을 개업했지만 이유를 알 수 없이 매출이 전혀 오를 징조를 보이지 않고 바닥으로 자꾸 가라앉았다. 그동안의 장사 경험으로는 안 될 이유가 없는데도 하루 매출이 기대치의 반을 밑도는 상황이 계속되었다. 적자가 몇 달씩 이어지다 보니 나도 지쳐가기 시작했다. 맛을 점검하고, 가격도 다시 비교해보고, 종업원 서비스 교육도 더욱 철저하게 실시하고, 영업장의 청결이나 인테리어는 말할 것도 없고 식기부터 유리창, 각종 홍보물이며 부자재 하나하나까지 꼼꼼하게 살펴봤지만 적자 폭은 좀처럼 줄어들지 않았다. 내 딴에는 음식장사로 잔뼈가 굵었고 둘째가라면 서러운 사업수완을 가졌다고 자부하고 있었는데 원인을 진단해낼 수 없는 적자라는 복병 앞에 속수무책으로 고전을 했다.

나는 처음부터 다시 시작했다. 가장 기본부터 차근차근 체크해나가기로 하고 영업장 내에 <국밥 연구소>를 설치했다. 틈만 나면 연구소에 앉아 맛을 연구했다. 재료의 선택부터 식감과 색깔, 영양소, 부재료와의 어울림, 식기와의 조화, 밑반찬 등을 두고 하루에도 수십 번씩 '국밥'을 연구했다.

또한, 손님을 향해 더 고개를 숙였다. 손님이 벗어둔 신발 한 켤레도 더 가지런히 정리하려 애썼고, 대리주차는 물론이고 식사하는 동안 세차도 해주었다. 무슨 사장이 그런 일까지 하느냐며 조소 아닌 조소를 보냈지만, 나는 신주 모시듯 '모시는 마음'으로 손님을 대했다. 기껏 몇천 원짜리 국밥 한 그릇 팔면서 이렇게까지 해야 하나 싶은 자괴감이들 법도 한데 전혀 그런 생각은 없었다. 그런 사치스러운 생각은 적자가 계속되지 않을 때의 이야기다. 사람이란 절박해지면 불필요한 생각은 하지 않게 되는 법이다.

　매출이 조금씩 오르기 시작하자 나는 손님에게 더 고개를 숙였다. 날마다 국밥연구실에 앉아 고민하던 내 마음을 조금씩 알아주는 것 같아 고마웠다. 고마운 마음이 모이자 더 정성스러워졌고, 그 정성이 손님에게 전달되면서 다른 손님을 불러왔다. 결국 <종가집 국밥> 학장점은 현재 효자 업소가 되었다. 거의 10개월 동안 고전을 면치 못했지만 지금은 사정이 확 달라졌다. 매일같이 전 종업원이 파김치가 될 만큼 손님

이 몰려 매출을 계산하는 재미를 한껏 느끼게 해주는 곳이 된 것이다.

　절박해지면 안 보이던 것들이 보인다. 바닥을 치면서 더 이상 내려갈 곳이 없어질 만큼 절박해지면 초능력이 생긴다. 손님을 향해 더 몸을 낮추게 되는 것도 절박함이고, 몇천 원 들고 우리 업소를 와주는 손님이 진심으로 고마운 것도 절박하기 때문이다.

　그런데 문제는 이렇게 힘든 고비를 넘기고 나서부터이다. 고전할 때는 보이던 것들이 수면으로 부상하는 순간 보이지 않게 된다면 장사꾼이 아니다. 늘 강조하지만 손님의 발길은 냉정하다. 붙잡고 싶다고 해서

붙잡히지도 않지만, 한 번 붙잡았다고 다시 온다는 보장 또한 없다.

　나는 무조건 초심을 지키라는 말을 한다. 기본에 충실하고 초심을 유지하는 것, 절박할수록 초심과 기본부터 점검해야 한다. 내 가게 앞을 무심히 지나가버리는 손님의 발길을 붙드는 것도, 한 번 온 손님의 발목을 계속 붙드는 것도 다 초심과 기본에서 시작된다. 절박할 때 보이는 것을 놓치지 않아야 다시 절박해지지 않는다.

10
머리에 있는 걸 행동으로 옮기기

장사가 안 되면 괜히 옆집은 어떤지 기웃거리며 핑곗거리를 찾을 것이 아니라 직접 경험과 간접 경험을 통해 어떻게든 자가진단을 해야 한다. 개업을 하고 나서 지인들의 발걸음이 뜸해지면서부터 장사가 안 되는 것도 문제지만, 한 번 잘 됐다고 영원히 잘 된다는 보장은 없다.

요즘은 그야말로 먹방 전성시대다. 온갖 맛집 프로와 창업 정보가 도처에서 넘쳐난다. 하도 많은 이야기들이 떠돌다 보니 음식에 대한 이야기를 하는 사람 치고 전문가 아닌 사람이 없을 정도다. 음식을 먹으면서 꼭 같은 아이템의 다른 음식점 이야기를 하면서 식당 주인을 불러 조언을 해주는 사람들도 드물지 않다.

하지만 이런 이야기에 쉽사리 넘어가는 식당 주인일수록 실패할 확률이 높다. 자기가 가진 조건은 생각하지 않고 대박이 났다는 결과만 유혹적으로 받아들이기 때문이다. 섣부른 창업신화만 믿고 막연히 성공할 거라는 기대로 외식업을 창업한 경우일수록 당연히 경쟁력이 떨어진다. 어쩌다 운이 좋아 잘 되면 다행이지만 운이 좋기가 어디 쉬운가?

장사가 운만 좋다고 되는 일도 아니다. 대박집을 만들겠다는 의지만 있고 구체적인 준비 없이 시작했다가 돌이킬 수 없는 상황으로 치닫는 경우를 너무 많이 봐왔다. 그럼에도 불구하고 음식장사는 분명 메리트가 있다. 사람이란 하루도 빠짐없이 먹어야 하고, 먹는장사는 대박이 나면 크게 나는 경우가 많다. 결국 안 되는 집도 원인을 분석하고 극복할 방법을 찾는다면 얼마든지 가능성이 있는 게 음식장사다.

우리 매장에 손님이 없으면 괜히 옆집을 기웃거리게 되는 것이 일반적인 심리다. 옆집에도 손님이 없다는 걸 확인하고 위안을 받고 싶어서다.

"신학기라 집집마다 돈 들 때가 많아 외식비용을 줄이니 그렇겠지."

"곧 휴가철이니 휴가비용 비축하느라 외식들을 안 하는 거겠지."

"나라 경제가 안 풀리니 다들 지갑을 닫는 거겠지."

하지만 음식 장사는 어떤 상황에서도 가능성을 저버릴 수가 없는 업종이다. 분명 잘 되는 곳이 있기 마련이다. 신학기든, 휴가철이든, 먹지 않고는 못 살기 때문이다. 그러니 장사가 안 되면 외부적 환경 탓을 할 게 아니라 내 능력부터 먼저 살펴봐야 한다.

좀 더 이야기를 해보자면, 음식이든 인생이든 변화가 필요한 시점을 진단해내는 것이 바로 실패를 막는 방법이다. 내 매장의 매출이 정체됐거나, 내 삶이 풀리지 않고 막혀 있다면 바로 그 시점에서 일단 한 템포 늦추고 주변을 돌아봐야 한다. '왜 안 될까'에 대한 분석에 너무 매몰되다 보면 더 혼란스러워지는 경우가 발생하기도 한다.

시험을 치를 때는 정답이라 생각하고 답안지에 체크를 하지만 정작 채점을 해보면 오답인 경우가 있듯, 분명 만반의 준비를 하고 꼼꼼하게 실행을 했지만 안 될 때는 이유를 정확하게 분석해 내기도 어렵다. 바로 이 순간이 고비다. 혼란의 틈바구니 속에서도 마지막까지 집중력을 발휘해서 원인을 찾아내야만 한다. 상권분석부터 다시 해보고, 아이템이 적절한지, 그 아이템과 입지조건이 들어맞는지, 종업원 교육이나 인테리어, 매장의 규모, 사회적인 변수….

시작단계에서부터 고스란히 되짚어봐야 한다. 한 단계라도 소홀히 하게 되면 매일매일 누적되는 적자는 더 이상 감당할 수 없게 된다. 혹은 어느 한 단계에서 문제점을 발견한다 하더라도 손을 대지 못하는 경우도 있다. 왜 안 되는지 알지만 그것을 극복하기 위해서는 당장 막대한 자금이 들어가야 하거나 아예 처음부터 새로 시작해야 하기에 엄두를 못 내는 것이다.

비위생적인 주방도 문제고, 교육은커녕 오히려 눈치를 봐야 하는 저임금 종업원, 낡고 지저분한 인테리어도 문턱까지 온 손님을 도로 나가게 만든다는 걸 알지만 한숨만 쉬고 있게 된다. 그렇게 차일피일 미루다 보면 재기의 기회는 영영 달아나버린다.

그리스에 가면 이상하게 생긴 조각상이 있다. 분명 사람의 형상인데 보통의 사람 모습과 많이 다른 그 조각상의 이름은 '기회'다. 얼굴에는 무성하게 머리카락이 나 있고 뒤통수는 대머리인데 다리에는 날개가 돋아 있는 모습이다. 기이하고도 이상한 느낌의 이런 조각상에 기회라는 이름을 붙인 이유가 뭘까? 우선 앞에 머리카락이 많은 이유는 기회가 다가왔을 때 꽉 움켜쥐어야 한다는 의미다. 반면 뒤통수에 머리카락이 없는 이유는 기회가 옆을 스치고 지나가버린 뒤에는 다시 잡기 힘들기 때문이고, 다리에 날개가 달린 것은 한 번 놓치고 나면 날개를 달고 달아나버리는 것이 바로 기회이기 때문이다.

다시 말해 위기를 직감하고 원인을 찾는데 주력해 결국 찾아냈다면 다음은 바로 변화다.

비위생적인 주방이 문제라면 대출을 받아서라도 바꿔야 한다. 여러 명의 저임금 종업원을 줄이고 고임금의 정직원을 고용하라. 돈이 크게 들지 않아도 발품을 판다면 충분히 낡고 지저분한 인테리어에서 참신한 인테리어로 변신할 수 있다. 손쉽게 무언가를 해결하려고 하지 마라. 간단하게 돈만 들여 문제를 덮지도 마라. 내 매장의, 혹은 내 삶의 문제는 그 누구도 아닌 내가 완벽하게 알고 있어야 한다. 그리고 내가 직접 바꿔야 한다.

빌 코트 링어가 쓴 《나의 꿈을 이루는 변화의 법칙》을 보면 주목할 만한 이야기가 있다. 이 책의 주인공은 젊고 혈기 왕성하며 장난기 많은 고양이 카오스와 컨퓨전, 그리고 쥐 클래리티와 심플리시티이다. 쥐와 고양이는 비우호적 '제휴관계'를 맺고 다른 고양이와 쥐들이 좀 더 의미 있고 적극적이며 흥미진진하게 살 수 있도록 특별한 쥐덫을 설치한다.

특히 카오스와 컨퓨전은 삶에 혼란을 불러오는 쥐덫을 설치해 다른 고양이와 쥐들을 혼란에 빠뜨리고 클래리티와 심플리시티는 쥐덫을 빠져나올 수 있는 방법을 찾아낸다. 고양이들이 설치한 혼란 초래용 쥐덫은 7가지이다.

첫 번째 쥐덫은 '흑' 아니면 '백'을 선택해야 하는 양자택일,

두 번째 쥐덫은 실패나 실수의 원인을 자신에게서 찾기보단 상대방의 단점이나 결점에서 찾고자 하는 적대감,

세 번째 쥐덫은 의사소통을 불가능하게 하는 언어의 바벨탑,

네 번째 쥐덫은 가면 뒤에 있는 자신의 모습조차 망각하게 만드는 숨바꼭질,

다섯 번째 쥐덫은 자기만 옳다고 우기는 억측과 비약이다.

이러한 쥐덫에 걸리게 되면 여섯 번째 쥐덫인 마비상태에 빠지고,

일곱 번째 쥐덫인 속도의 희생양이 되고 만다.

고양이들이 설치한 쥐덫은 극심한 혼란을 초래하긴 하지만 결코 복잡한 구조로 되어 있는 것은 아니었다. 혼란의 쥐덫은 사실상 매우 단순한 구조로 되어 있어서 열기만 하면 되고, 또 어쩌면 우리 스스로 쥐

덫의 문을 열고 들어간 것인지도 모르기 때문이다. 클래리티와 심플리시티가 찾아낸 긍정적인 사고를 유도하는 방식은 기존의 것과는 전혀 달랐다. 예컨대 예전에는 살찌는 것을 염려한 쥐들이 치즈케이크를 앞에 두고 군침을 잔뜩 흘리면서도 "난 딸기가 없힌 초콜릿 치즈케이크 따위는 별로 먹고 싶지 않아요."라고 말하는데 비해, "이 치즈케이크가 너무 맛있게 보여서 조금 먹을 생각입니다. 그리고 내일 아침에는 친구와 함께 체육관에 가서 운동을 해야지요."라고 바뀐 것이다.

바로 그렇다. 변화의 시작은 엄청난 데서 오지 않는다. 문제점을 다른 각도에서 바라보는 것에서부터 시작해서 결국은 온전한, 나에게 맞는 해결책을 찾게 된다. 이것을 게을리하는 순간 우리들은 냉혹한 자영업의 전쟁터에서 바로 도태되는 것이다. 외식 창업을 많이 하는 이유를 단순하게 말하자면 쉽기 때문이다.

창업 자금을 준비해서 영업장과 아이템을 결정해 진행하면 그만이다. 그러다 보니 나이나 경력과 무관하게 너도나도 외식 창업에 뛰어들고 그 결과 수요와 공급의 심각한 불균형 상태에 이르렀다. 아무리 외식 시장이 커졌다 해도 인구는 한정적인데 식당은 많아도 너무 많은 것이다. 여기에 대기업이 골목식당을 장악해가는 추세까지 겹치면서 여간해서 살아남기 힘든 게 외식업이다.

그러니 이제는 외식업도 정신적인 성장이 중요하다. 내가 공부하는 식당만이 살아남는다는 말을 입에 달고 사는 이유도 그 때문이다. 음식 장사를 한다고 해서 음식만 알아서는 곤란하다. 과거 모 대기업 총수의 말처럼 세상은 넓고 할 일은 많은데 일일이 직접 경험하고 다닐 수 없다면 간접 경험이라도 해야 한다. 간접경험의 가장 좋은 방법으로 독서를 권하고 싶다. 책만큼 경제적으로 간접경험을 시켜주는 것도 없다는 측면에서 나는 책 읽는 장사꾼이 되자는 말을 지겹도록 하는 것이다.

장사가 안 되면 괜히 옆집은 어떤지 기웃거리며 핑곗거리를 찾을 것이 아니라 직접 경험과 간접 경험을 통해 어떻게든 자가진단을 해야 한다. 개업을 하고 나서 지인들의 발걸음이 뜸해지면서부터 장사가 안 되는 것도 문제지만 한 번 잘 됐다고 영원히 잘 된다는 보장을 할 수 없다. 주변 상권이 갑자기 변할 수도 있고 매스컴의 보도나 사회적 사건 때문에 손님의 발길이 뚝 끊기기도 한다. 대박 조짐이 보이다가도 예측할 수 없었던 외부 변수로 인해 직격탄을 맞는 게 음식점이기도 한 것이다.

예를 들자면 한미 FTA 타결로 인한 수입 소고기 불매 운동이라든지, 대체휴무제로 인한 도시공동화현상, 먹을거리를 규제하는 법제나 특정한 성분이 발견되었다는 보도 등은 도저히 예측할 수 없는 변수다. 하지만 그렇다고 타격을 입는 식당을 보상해주는 일은 없으니 자체적으로 해결해나갈 수밖에 없다.

외식업이란 참 많은 요소들이 유기적으로 얽혀 있다. 먹어야 산다는 건 분명하지만 무얼 어디서 먹을 것인가의 문제는 그렇게 쉽게 예측할 수 있는 게 아니다. 신중하게 창업하되 아무리 신중해도 장사가 안 될 수가 있다는 것도 염두에 두어야 한다. 잘되던 장사가 갑자기 안 되기도 한다.

결국 내가 강조하고 싶은 건, 이럴 때는 반드시 원인을 규명하고 빨리 대책을 세우라는 것이다. 그리고 대책이 섰으면 바로 실천해야 한다. 도저히 극복할 방법이 없을 때는 접는 것도 답이다. 안 되는 장사를 붙들고 있으면서 피를 말릴 필요는 없다. 그렇게 마른 피만큼 기회비용만 상실될 뿐이다.

하지만 어떤 상황에서도 잊지 말아야 할 것이 있다. 기회란 빠르게 옆구리를 스치고 지나가버리는 것이기에 아는 순간 바로 실천하지 않으면 다시 잡을 수 없다. 기회라는 이름의 그리스 조각상 하나를 늘 염두에 두고 살아야 한다.

2부

철학이 있는
음식장사는
흔들리지
않는다

3장

고객은
장사의
알파와
오메가

11

두 번 찾게 하는 게 진짜 장사

대박이란 단지 매출이 오르는 것만의 의미가 아니다. 한 번 방문한 손님이 감동을 하고 그 감동이 다음으로 이어지면서 더 많은 손님을 대동하고 오는 게 대박이다. 대박은 매출이 아니라 손님의 재방문율로 계산해야 하는 것이다.

음식을 섭취한다는 것은 배고픔을 면하기 위한 것만이 아니다. 과거 한국전쟁 직후, 국토가 초토화된 시절에는 삶을 연명하기 위해 음식이 필요했다. 그때는 목숨을 유지하기 위한 수단으로써 먹을거리를 찾는 것이 음식의 절대적인 기능이었지만 지금은 배고픔을 해결하기 위해서만을 목적으로 하지 않는다. 특히 외식이란 음식을 매개체로 시간과 분위기를 즐기기 위한 이벤트라 할 수 있다. 그러자니 자연히 식당을 운영하기 위해서는 음식 외에도 여러 가지 신경을 써야 한다. 계속해서 강조하는 말이지만 식당에서 파는 것은 음식만이 아니다.
외식 업소의 인테리어에서 간과하기 쉬운 것 중의 하나가 조명이다. 아이템에 따라 달라지겠지만 식당의 조명은 일종의 칸막이 구실을 해 줄 수 있어야 한다. 아무리 여러 사람들이 입장한 식당이라 하더라도

옆자리에 앉은 사람이 내 이야기를 빤히 듣고 있는데 편하게 대화를 즐길 수는 없다. 이럴 때 조명은 각 테이블마다 독립된 느낌을 주는 데 효과적이다. 자리를 배치할 때는 가급적 단체석과 커플석을 분리하는 게 좋다. 연인끼리 식사를 하러 온 경우라면 당연히 독립적인 느낌을 선호할 것이다. 딱히 벽을 세워 구분하지 않더라도 테이블마다 조명을 따로 설치해주면 웬만한 벽의 구실을 충분히 해준다. 벽면을 활용하거나 스탠드를 배치해 간접조명을 준다면 더욱 오붓한 느낌을 줄 것이다. 반면 가족이나 동료들의 회식자리에는 비교적 환한 조명이 필요하다. 온화하면서도 환한 조명 아래 모여 앉으면 창백한 불빛 아래 있는 것보다 친근감을 더 느끼는 게 일반적인 심리다.

조명 외에도 칸막이 구실을 해주는 것으로 음악이 있다. 식당에서 자칫 소홀하기 쉬운 게 음악이다. 음악 역시 외식 업소에서는 대충 넘겨서는 안 되는 요소다. 사람의 청각이란 시각과 더불어 매우 원초적이라는 사실을 잘 활용하면 긍정적인 효과를 볼 수가 있다. 식당뿐 아니라 마케팅 전략에서 음악을 활용해 성공한 예는 수없이 많다. 즉, 시간대별로 인간의 보편적인 신체리듬에 맞춘 음악을 들려줌으로써 구매 의욕을 상승시키고 실제 구매로 연결할 수 있다는 것이다.

대체로 아침에는 차분한 음악을 선택하는 게 좋다. 밤새 수면을 취하고 이제 막 출근을 했기 때문에 신체적 컨디션은 좋은 데 비해 일과를 시작하는 입장이라 다소 긴장되어 있기 때문이다. 물론 전날 밤, 술을 심하게 마셨다거나 야근을 한 경우는 여기 해당되지 않겠지만 대부분의 경우 아침 시간은 긴장 속에서 하루를 계획하게 되는데 이때는 생각에 방해되지 않는 차분한 음악이 필요하다. 이른 시간대에 식당에 들어온 손님이라면 식사를 하면서 일과를 준비할 수 있도록 은은한 음악을 틀어놓는 게 좋다. 반면 오후에는 빠르고 경쾌한 음악으로 실내에 활기를 불어넣어야 한다. 일과를 진행하는 동안 몸도 지치고 스트레스도 많다. 하지만 이미 하루의 많은 부분이 지났으므로 긴장은 다소 누그러져 있다. 복잡한 생각을 하기보다는 편안해지고 싶을 시각이다. 따라서 오후의 음악은 가볍고 활기차야 한다.

또한 식당에서 그냥 지나치기 쉬운 것이 종업원들의 차림새다. 손님은 식당에 들어서는 순간부터 모든 감각을 다 활용해 평가를 하게 된다. 미각은 물론이고 시각, 청각, 후각, 촉각 등 인간의 모든 감각이 동시에 작용하는 곳이 바로 식당이다. 그중에서도 시각은 들어서는 순간

제일 먼저 작용하는 감각이다. 그러기에 인테리어가 필요하고 조명도 신경 써야 하는 것이다.

　손님이 식당 문을 열고 들어서는 순간, 종업원들은 인사를 한다. 이때 인사란 표정과 목소리로만 하는 게 아니다. 우선 업소의 분위기와 맞는 옷차림이어야 한다. 나는 무조건 유니폼을 입으라고 권한다. 종업원이 한 명이든 열 명이든 꼭 유니폼을 입어야 하고, 혼자 운영하는 식당도 반드시 갖춰야 하는 것이 유니폼이다. 손님과 구분되는 유니폼을 입는다는 것은 손님의 눈에 잘 띄겠다는 뜻이고, 손님의 호출에 달려갈 준비가 되어 있다는 의미를 포함하고 있는 것이다. 인테리어와 조화를 이루는 색깔의 단정한 유니폼은 그 집의 트레이드마크가 된다. 고객의 눈에 잘 보이지 않는 주방에서 일하는 종업원 역시 홀과 통일감 있는 유니폼을 입는 것이 좋다. 서빙을 하는 직원과 음식을 조리하는 직원이 다 한마음으로 손님을 접대한다는 상징적인 의미와 더불어 뭔가 체계적으로 돌아가고 있다는 느낌을 주는 게 유니폼이다. 그리고 종업원들끼리도 같은 옷을 입고 있으면 동질감이 생긴다. 월드컵 축구 응원을 하면서 너도나도 빨간색 티셔츠를 입음으로써 붉은 악마 대열에 합류하던 경험을 떠올린다면 유니폼이 얼마나 결속에 중요한 요소인가를 알 수 있을 것이다. 종업원들의 유니폼도 중요하지만 메인 쿠커의 옷차림도 그 집의 얼굴이다. 이른바 '쿠커 폼'을 입고 매장에 나와 있는 주방장을 보면 손님들은 전문성을 느끼게 된다. 한눈에 봐도 요리사라는 느낌의 쿠커 폼을 입되 매장의 전 직원과 통일된 느낌을 주어야 한다. 주방장이 쿠커 폼을 입고 손님의 테이블을 돌면서 직접 음식에 대한 설명을 한다면 손님의 입장에서는 대우를 받고 있다는 생각이 들 수밖에 없다. 요리전문가가 요리에 관한 이야기를 하고 있지 않은가? 자기도 모르게 전문성을 발견하게 되는 것이다.

조명, 음악, 유니폼이 본래의 기능을 다하기 위해서는 업주의 철학이 바탕에 깔려 있어야 한다. 조명의 빛감보다는 전기세를 걱정하거나, 몇 달이 지나도 같은 음악을 틀어놓거나, 유니폼에 투자되는 돈을 아까워한다면 흑자는 낼 수 있겠지만 대박을 치기는 어렵다. 대박이란 단지 매출이 오르는 것만의 의미가 아니다. 한 번 식당을 방문한 손님이 감동을 하고 그 감동이 다음으로 이어지면서 더 많은 손님을 대동하고 오는 게 대박이다. 대박은 매출이 아니라 손님의 재방문율로 계산해야 하는 것이다.

손님은 다 알고 있다. 어떤 조명을 썼는지, 오전과 오후의 음악이 어떻게 다른지, 유니폼이 어떠한지 조목조목 따지지 않더라도 식당에 들어서는 순간 그 모든 걸 감각하게 된다. 사람에게는 미각뿐만 아니라 시각, 청각, 후각, 촉각 등이 있고 이외에도 심각(心覺)이라는 게 있는데 이 모든 감각들은 동시에 작용한다.

정말 대박집은 그 집만의 독특한 문화가 있다. 나른한 오후에 가고 싶어지는 식당, 여러 명이 함께 가면 더 분위기가 좋아지는 식당, 차분히 마음을 가라앉히고 싶을 때 생각나는 식당 등…. 개성있는 문화가 있는 업소가 잘된다. 오죽하면 음식보다 욕을 먹기 위해 가는 '욕쟁이 할머니 식당'이 성업을 할까?

왠지 자꾸 가고 싶어지는 식당이 되기 위해서는 소홀하기 쉬운 부분을 꼼꼼하게 점점해보자. 조명이 적절한지, 음악이 매장 분위기와 따로 놀지는 않는지, 종업원들의 유니폼이 매장의 성격을 잘 드러내 주고 있는지, 다른 곳에는 없는 독특한 문화가 있는지 말이다.

식당은 우선 음식이 맛있어야 한다. 그러나 음식 맛을 느끼게 하는 것은 미각만이 아니라는 걸 또 한 번 강조하고 싶다. 그리고 그것은 오롯이 운영자의 철학이 반영되어야만 가능하다. 철학이 없는 장사는 말그대로 물건을 팔고 수익을 얻는 1차원적인 일이다. 반면 하나의 물건을 파는 데도 그 영업점만의 철학이 있다면 그것은 더 이상 물건이 아니다. 손님의 기억이 되고, 감동이 되며, 추억으로 자리 잡는다.

사람만 가치관이 필요한 것이 아니다. 영업장에도 가치관이 있어야 한다. 음식의 맛을 최우선으로 한다거나, 음식과 어우러진 장식에 포인트를 둔다거나, 손님에 대한 서비스에 치중하는 등 대부분 이런 것들이 어느 정도는 어우러지지만, 그중에서도 운영자만의 철학이 느껴지는 분야가 있어야 한다.

현대의 손님들은 그런 운영 철학에 아낌없는 지불을 한다. 그것은 한 끼를 먹더라도 가치가 있다고 판단되기 때문이다. 그러므로 음식을 판다는 생각보다는 나의 철학을 음식으로 표현하여 손님에게 보여준다고 생각하라. 그 순간이 바로 손님의 기쁨과 판매자의 기쁨이 어우러지는 시간이다.

12

행복한 고객, 우리는 심리치료사

음식이란 좋은 재료를 엄선해 달인의 경지에 이른 레시피로 조리를 하고, 손님이 납득할 만한 가격을 책정한 뒤 최상의 서비스로 내놓는다고 해서 최선이 아니다. 음식을 주문하는 손님은 의외로 음식 너머의 뭔가를 기대하는 경우도 있다. 혹은 주문을 받는 종업원이나 주인이 음식 너머의 것을 제공해주기도 한다.

삼십여 년 음식장사를 해오면서 가슴에 깊이 새긴 것 중의 하나는, 음식의 기능은 다양하다는 것이다.

<더도이 참족> 본점을 개업하고 얼마 되지 않았을 때의 일이다. 연말을 앞둔 시점이었고, 유흥가 한가운데 위치한 <더도이 참족>은 연말의 들뜬 분위기를 타고 성업 중이었다. 사람들의 왕래가 빈번한 번화가의 목이 좋은 자리였고 인테리어도 워낙 신경을 쓴 탓에 재방문율이 연일 기록을 갱신하고 있었다. 매장 문을 열자마자부터 닫을 때까지 눈코 뜰 새 없이 바쁜 어느 날 저녁, 한 남자가 들어왔다. 마흔쯤 되었을까? 키는 크지 않지만 다부진 몸매와 서늘한 눈매가 인상적이었다. 남자는 가게에 들어서자마자 정중한 태도로 업주를 찾았다. 나는 객장을 돌며

손님의 반응을 살피는 중이었는데, 남자의 예사롭지 않은 분위기가 내 눈길을 끌었다. 카운터에 있던 실장이 남자를 맞았다.

"저, 단체 예약을… 좀 하고 싶은데요…."

남자는 말꼬리를 길게 늘이며 천천히 이야기를 꺼냈다. 중저음으로 표준어를 구사하는 남자의 목소리는 예의 바르게 보였다. 넥타이를 매고 있지는 않았지만 왠지 반듯해 보이는 것이 정장이 잘 어울릴 것 같았다.

하지만 뭔가 균형이 맞지 않아 보였다. 친절하게 응대하고 있는 실장과 제대로 눈을 맞추지도 않았고, 느린 목소리와는 달리 쉬지 않고 다리를 떨어대기도 했다. 나는 실장이 예약석을 보여주고 메뉴를 안내하는 동안 시종일관 남자를 지켜보고 있었는데 딱히 집어낼 수 없는 묘한 느낌을 떨칠 수가 없었다. 꼼꼼하게 메뉴판을 훑어보며 일일이 품평을 들은 남자는, 크리스마스이브 저녁 일곱 시, 이십인 자리를 예약하고 갔다. 남자가 나가고 나서도 왠지 석연찮은 느낌에 몇 번이고 고개를 갸우뚱거렸다. 일주일이 지나고 크리스마스이브 저녁이 되었다. 점심때부터 손님으로 붐비던 매장은 저녁 무렵부터 더욱 바빠졌다. <더도이 참족>의 인테리어는 회식을 위한 공간과 가족을 위한 자리를 구분하고, 연인을 위해서는 간접조명과 파티션을 활용한 것이 주효했기에 특별한 날은 더 바쁠 수밖에 없다. 여기저기서 크리스마스 캐럴이 울려 퍼지고 있는 성탄 전야, 초저녁부터 가족석과 단체석은 예약이 이미 다 차 버렸다. 예약을 하지 않고 들어온 단체손님들은 사과의 말과 함께 돌려보내지 않을 수 없는 상황이 되었다.

개업한 지 몇 달 만에 "예약하지 않으면 못 가는 집"이 되어버린 것이다. 입소문을 듣고 찾아온 손님을 돌려보내는 마음은 아무리 머리를 조아리며 죄송하다고 말해도 모자랐지만 어쩔 수 없는 일이었다.

저녁 일곱 시, 그 남자가 예약한 단체석의 기본 세팅을 끝냈다. 삼십 분 전쯤 보험사 직원으로 구성된 이십 명의 단체 예약이 들어왔지만 선약이 되어 있는 자리라 정중히 사과를 하고 돌려보내야 했다. 직원들은 손님으로 가득한 매장 안을 종종걸음으로 오가며 손님을 응대하기 바빴지만 예약 손님이 들이닥쳤을 때를 대비해 만반의 준비를 해놓고 있었다.

하지만 일곱 시를 넘기고 일곱 시 삼십 분이 되어도 예약 손님은 오지 않았다. 처음에는 좀 늦나 보다 했지만 시간이 지날수록 뭔가 잘못됐다는 느낌이 왔다. 일곱 시 삼십 분이 되자 실장이 남자가 남긴 전화번호로 전화를 했다. 전화기는 꺼져 있었다. 밀어닥치는 손님과 예약석을 번갈아 보고 있는 직원들에게 나는 조용히 말했다.

"이 손님은 처음부터 올 사람이 아니었어요. 다른 손님 맞을 준비 합시다."

나는 직감적으로 그 남자에게서 느껴졌던 불균형감의 정체를 짐작으로 알 수 있었다. 딱히 집어낼 수는 없지만 석연찮던 그 느낌은 아마도 오랜 매장 경험으로 터득하게 된 사람의 직감에서 기인했을 것이다. 실장의 눈길을 사뭇 마주치지 않던 남자의 서늘한 눈매가 떠올랐다. 예약석은 금방 다른 단체 손님으로 채워졌고 직원들은 그 손님의 해프닝을 금방 잊었다. 하지만 나는 왠지 남자가 궁금했다.

그렇게 바쁜 연말을 보내고 나서 우연한 기회에 그 남자에 대한 이야기를 듣게 되었다. 시내 한복판에 위치한 <더도이 참족> 옆에는 갖가지 메뉴의 음식점이 즐비해 있는데 메뉴가 다양한 만큼 사람도 많고 이야기도 많다. 얘기인즉, 예의 그 남자는 저녁 무렵이면 여기저기 식당을 떠돌며 늘 예약을 한다는 것이다. 각 업소의 사람들은 그 남자가 어디서 왔는지, 무엇을 하는 사람인지는 아무도 몰랐다. 다만 전직 복싱선수였고, 복싱협회 소속의 회장 직함을 몇 개나 가지고 있더라고들 했다. 차림새는 늘 말쑥하고 태도가 정중해서 그가 정신이 온전치 못한 사람이라는 걸 눈치채기는 어렵지만 시내의 번화가를 돌면서 저녁마다 예약을 하고 펑크를 내는 바람에 요주의 인물로 이미 낙인찍힌 지 오래됐다는 이야기였다. 과대망상이니 정신분열이니 남자에게 따라붙는 해설도 갖가지였다. 아마도 운동선수나 연예인이 한때의 화려한 경력을 지속시키지 못할 때 겪는 공황 상태를 이겨내지 못한 결과가 아닐까 하는 추측도 나왔다. 하지만 어디까지나 추측일 뿐 남자가 어디서 뭘 하는 사람인지에 대해서는 아무도 몰랐다. 나는 남자 이야기를 듣는 내내 마음이 불편했다. 그렇게 정신줄을 놓고 살기에는 나이가 너무 아까웠다.

겨울의 끝 무렵, 남자가 다시 <더도이 참족>의 문을 열고 들어왔다. 정장이 잘 어울릴 것 같은 분위기와 다부진 몸매, 그대로였다. 순간 직원들은 술렁거렸고 어떻게 응대해야 할지 갈피를 잡지 못하는 눈치였다.

"어서 오십시오. 더도이 참족입니다."

나는 얼른 입구로 가서 남자를 맞았다. 어쨌거나 내 집 문을 열고 들어온 손님에게 인사는 당연한 수순이었다.

"연말에는 덕분에 우리 협회 회식을 잘 했습니다."

남자는 내게 깊이 머리를 숙이며 인사를 했다. 참으로 난감했다. 그 바쁜 연말에 단체석을 비워뒀던 걸 생각하면 따지고도 싶었지만 도저히 그럴 수 없을 만큼 남자의 태도는 정중했다. 남자는 또 예약을 하겠다고 했다. 회원이 늘었다며 이번에는 삼십 명이 앉을 수 있는 자리가 있냐며 매장을 기웃거렸다. 나는 회식공간과 메뉴판을 보여주며 정중히 예약을 받았다. 남자는 또 한 번 허리를 깊숙이 숙여 인사를 하며 예약을 마치고 매장을 나갔다. 지켜보고 있던 직원들은 내 행동에 어이가 없었던지 한동안 아무도 말을 꺼내지 않았다. 나는 직원들을 돌아보며 이렇게 말했다.

"나는 저 손님을 보면서 음식 장사는 음식만 파는 게 아니라는 걸 다시 한 번 깨달았습니다. 보시다시피 저 사람은 정상이 아닙니다. 다시 말해서 마음이 아픈 사람입니다. 아마도 망상증 환자겠지요. 저 사람은 현실이 아니라 과거를 살고 있는 겁니다. 우리 매장까지 찾아와 과거의 영광을 느끼고 싶다는데 굳이 거절할 이유가 없지 않을까요? 비정상이라고 내치지 않고 예약 접수 좀 받아줘서 저 사람이 잠시라도 기쁘다면 우리에게도 기쁜 일 아니겠습니까? 병이야 의사가 치료하는 거지만, 여기까지 찾아온 손님에게 잠시라도 기쁨을 줄 수 있다면 우리도 치료에 일조하는 거라고 생각합니다."

직원들은 한두 명씩 고개를 끄덕이기 시작했다.

"예약 좀 받아주는 거야 뭐 그리 힘든 일이겠습니까?"

"다른 가게에서는 저 남자가 나타나면 소금을 뿌린다는데 우리라도 좀 친절히 대해줍시다."

"우리가 예약을 받아주면 그 순간은 얼마나 기쁘겠어요? 그런 게 심리치료 아니겠어요?"

내 의견에 동조하는 직원들이 여기저기서 말을 보탰다. 사실 이 방법이 남자의 치료에 도움이 될지 어떨지는 알 수는 없지만 분명한 건, 정상이냐 비정상이냐를 따지기에 앞서 마음이 아픈 사람에게 잠시라도 기쁨을 주는 일이 치료에 방해가 되지는 않을 거라고 생각한다. 소금을 뿌려대는 현실을 인식하는 것도 중요하지만 때로는 묻지도 따지지도 않고 편안히 쉬게 하는 것도 약이 될 수 있을 것이다. 그런 게 심리치료 아닐까 생각해 본다.

얼마 전 일본에서 음식 드라마 한 편이 큰 인기를 끌었다. '심야식당'
이라는 드라마였다. 내용은, 밤 12시가 되면 문을 여는 도쿄 뒷골목의
작은 식당 이야기다. 메뉴는 단출하다. 다만 메뉴에는 없지만 주방에 원
하는 메뉴를 말하면 재료에 따라 그때그때 가능하다면 만들어주는 곳
이다. 그 식당에서는 화려하고 훌륭한 재료는 아니지만 소박하고 익숙
한 재료로 일본 가정식 요리가 매회 방영된다. 내용만이라면 평범한 식
당의 모습이지만 영화까지 만들어졌다. 이유는 간단하다. 식당에서 만
들어주는 음식에 기억과 추억, 그리고 따뜻함이 담겨있어 손님들의 마
음을 치료해주기 때문이다.

아버지와의 추억이 담긴 음식을 먹고 우는 딸이나, 고향의 어머니가
만들어준 맛과 같은 음식에 눈물을 흘리는 고학생, 사랑의 상처를 치유
하는 또 다른 사랑이 담긴 음식 등 등장인물들은 먹는다는 행위를 통해
스스로를 치유하고 또 타인을 보듬어간다. 나는 이 드라마를 감상하고
감명을 받았다. 음식은 때로 배고픔을 해소하는 행위를 넘어 사람의 마
음을 치료하는 힘이 있다고 생각했다. 음식뿐만이 아니라, 음식을 만들
거나 파는 행위도 마찬가지다. 우리나라 드라마 속에서도 종종 새빨갛
고 맵게 비빈 비빔밥을 꾸역꾸역 먹으며 눈물 흘리는 주인공의 모습이
라든가, 엄마가 차려준 밥상 앞에서 눈물을 뚝뚝 흘리는 장면이 나온다.
그 장면의 등장인물들에게 감정이 이입되는 것은 그들의 눈물 때문이
아니라 음식에 담긴 각자의 기억이 그 장면에 투영되기 때문이다.

따뜻한 말 한마디와 따뜻한 밥 한 공기는 언제나 사람의 마음을 누그러뜨린다. 배고픔이 얼마나 큰 고통임을 아는가? 우리는 밥을 통해 고통을 잊고 허전함을 달래고 누군가와 이야기할 수 있는 시간을 얻고 또 에너지를 충전하여 앞으로 나아가기도 한다.

예약을 한 그 손님 역시 살아오며 세상의 풍파에 상처를 입은 사람이라고 생각한다. 그 상처를 내가 의사가 아닌 이상 치유해 줄 수야 없지만, 그렇다고 상처 입은 사람에게 소금을 뿌릴 수는 없지 않은가. 잊지 말자. 요식업에 종사하는 우리는 사람을 상대하는 사람들이고, 나아가 그들에게 한 끼의 행복을 주는 사람들이다. 누군가의 행복한 웃음을 실컷 볼 수 있는 업종이 바로 이 업종이 아니겠는가.

13

열정과 정성은 배반하지 않는다

맛은 사람과 함께 성숙하고 사람을 따라 깊이를 지니게 된다. 한결같은 맛이란 공장에서 찍어낸 맛이다. 음식을 만들 때는 비슷하기는 하지만 전날과는 약간 다른 무언가 익숙하면서도 새로운 것일 수밖에 없다. 같은 재료를 써서 같은 음식을 만들어도 불의 온도에 따라서, 또 반찬에 따라서, 간에 따라서 맛이 다르기 때문이다. 결국 요식업에 종사한다는 것의 의미는 연구와 노력이 끝이 없다는 것이다.

허영만 화백의 공전의 히트작 《식객》을 보면 김치명인 이하연 선생에 대한 내용이 나온다. 서울에서 식당을 운영하고 있는 이하연 선생은 국내 4대 김치 명인 중 한 사람이다. 그녀의 삶은 외식업계에서는 성공신화 그 자체이지만 그 자리에 오르기까지 많은 역경이 있었음을 설명하고 있다.

외식업은 그 어느 분야보다 정직한 분야다. 맛이 있어야 하며, 그 맛과 어우러진 인테리어, 인테리어와 어울리는 서비스 등 다양한 분야가 손님에게 영향력을 끼친다. TV에 출연하여 유명세를 떨친다고 해서 그 성공이 오래 지속된다는 보증이 없다. 허름하다 하더라도 맛 하나로 세상에 명성을 떨치고 유명세를 타기도 한다.

그렇기 때문에 음식을 다루는 직업은 열정과 정성이라는 필수 불가결한 철학을 장착하고 있어야 한다. 이하연 선생도 그러하다. 현재 그녀는 김치연구가이자 서울 역삼동에 위치한 한정식 식당 <봉우리> 대표다. 그녀는 김치협회 이사, 김치사랑운동본부 위원이기도 하다. 타고난 미모 덕분인지 고생이라고는 모르고 자란 듯하지만 실상 그녀의 손은 두텁고 거칠다.

그녀는 누군가로부터 김치에 대한 비법을 전수받은 것도 아니었다. 그녀가 음식과 인연을 맺은 건 남편 때문이었다. 20여 년 전 그녀 나이 스물아홉 살, 남편을 유학 보내고 2살과 3살 난 두 아이와 먹고살기 위해 만두 행상으로 길거리에 나선 것이다. 남편의 공부를 위해 또 생활비를 벌기 위해 길거리 만두 노점상을 차리고 밤새도록 만두를 빚어 새벽부터 저녁까지 50원짜리 만두를 팔았다. 하루 세 시간밖에 못 자면서 만든 50원짜리 김치만두는 인기를 끌었다. 그녀의 '길거리 만두'는 순식간에 사람들의 입소문을 탔고 손님들이 줄을 서는 장사진을 이뤘다.

"그때 느꼈죠. 아무리 사소한 음식이라도 내 가족에게 먹인다는 생각으로 좋은 재료로 정성을 담아 만들면 성공한다는 것을요."

만두가게의 성공에 힘을 얻은 그녀는 판자로 얽어 만든 4평짜리 밥집을 개업한다. 밥집은 그녀의 정성과 열정 덕에 성황을 보였다. 가게를 12평으로 확장하여 3년을 운영한 후, 1991년 덕성여대 앞에 45평짜리 가게를 임대하여 식당을 차렸다. 식당은 언제나 학생들 모임으로 북적거렸고 교수들도 애용하는 식당으로 유명해졌다. 그녀의 김치 맛은 입소문을 타고 퍼져나갔다.

"당시 사람들이 김치 맛이 좋으니 한정식집을 하면 잘 될 것이라 했죠. 그래서 유명한 한정식집 여러 곳을 견학했어요. 나도 한정식집을 운영할 수 있을 것 같았어요."

그녀는 1997년 서울 역삼동에 한정식집 〈봉우리〉를 개업했다. IMF도 그녀의 손맛을 이길 수는 없었다. 재료값이 치솟고 사람들이 외식을 줄였지만 그녀는 정직한 음식을 만들기 위해 열정과 정성을 다 했다. 그렇게 꿋꿋이 힘든 IMF 시기를 버텨낸 그녀는 2003년 김치회사 〈(주)봉우리 식품〉을 창업했다.

그녀의 김치 철학은 소박하다. 김치에 대해 공부를 하거나 연구를 한 적도 없다. 그저 어릴 적 어머니가 담근 김치를 오감으로 느껴온 것, 그 맛과 향, 모양새가 전부다.

그녀는 입버릇처럼 "김치는 추억으로 먹는 음식"이라고 말한다. 그렇다면 그녀의 김치 맛의 비법은 무엇일까.

"내가 만든 김치는 비법이 없는 것이 바로 비법입니다. 어머니가 차린 밥상은 따뜻합니다. 손맛에 정성이 더해지는 까닭입니다. 봉우리 김치는 내 가족 일 년 밥상을 차려내는 한결같은 마음을 담습니다. 전국 각지에서 선별해 온 가장 좋은 재료를 일일이 손으로 다듬고 손질해 만드는 정성이 바로 비법이지요."

그녀는 지금도 김치가 맛있다는 곳이 있으면 어디든지 달려가 맛을 보고 배운다. 이처럼 한 분야에 대한 끝없는 열정이 있기에 그녀는 장인 칭호를 받게 된 것이다. 한 가지의 메뉴, 그것도 김치를 만들기 위한 열정과 노력을 보면 그녀가 왜 장인인지 저절로 수긍하게 된다.

음식은 정직하다. 여러 가지 재료를 이용하여 멋을 부리면 일견 맛있어 보이고 입맛이 당긴다. 하지만 입맛이란 그리 가벼운 것이 아니다. 한 번이라도 정성이 들어간 음식을 맛보게 된다면, 바로 평가 기준이 확 올라간다. 매일 햄버거를 즐겨 먹는 청춘들이 직장에 들어가서 여러 음식들을 접하면서 햄버거를 사 먹지 않게 되는 것과 마찬가지다.

맛은 인생이다. 사람과 함께 성숙하고 사람을 따라 깊이를 지니게 된다. 음식을 만들 때는 비슷하기는 하지만 전날과는 약간 다른 무언가 익숙하면서도 새로운 것일 수밖에 없다. 같은 재료를 사용하여 같은 음식을 만들어도 불의 온도에 따라서, 또 반찬에 따라서, 간에 따라서 맛이 다르다. 결국 이 계통에서의 노력은 끝이 없는 것이다.

어디 음식뿐일까? 서비스 역시 시대에 맞춰 변화해야 하며, 그 주기는 갈수록 짧아진다. 인테리어 또한 운영자의 철학이 곳곳에 배어 있어야 한다. 과거의 외식이 허기를 채워주는 것이었다면 지금 외식은 삶의 여유와 시간, 그리고 소소한 즐거움을 줄 수 있어야 한다.

그러니 외식업에 뛰어들려거든 열정과 정성을 먼저 가져라. 거기에 당신의 철학을 가미해라. 그렇게 해서 탄생된 음식에 대해 내가 할 수 있는 범위에서 아낌없는 지원을 하라. 그래도 성공하기는 녹록지 않겠지만, 적어도 망하지는 않을 것이라고 나는 생각한다.

당신 매장에서 고객은 힐링을 하는가

손님의 뒷모습은 많은 이야기를 담고 있다. 우리 매장의 식사가 마음에 들었는지, 마음에 들었다면 어떤 부분이 손님에게 만족을 주었는지, 혹시 불편했다면 어떻게 개선하면 될지, 무엇보다 다음에 다시 오고 싶은지…. 얼굴만 봐서는 알 수 없는 것들이 뒷모습에 담겨 있다.

요즈음 곳곳에서 유행처럼 번지고 있는 '치료'라는 말을 살펴보면 재미있는 사실 하나를 발견하게 된다. 음악치료, 미술치료, 웃음치료, 문학치료 등의 개념이 확산되더니 지금은 원예치료, 운동치료, 영화치료, 철학치료 같은 말도 들린다. 생활 주변의 모든 것을 활용해 치료를 할 수 있다는 의미인데 이러한 심리치료에서의 '치료'는, 의학에서 치료라는 의미로 쓰고 있는 'treatment'와 구분된다고 한다. 즉, 'heal' 혹은 'therapy'로 번역되는 것이 요즘 유행하고 있는 '치료'이다. 여기서 therapy라는 단어의 어원을 살펴보면 자못 의미심장하다.

고대 그리스의 사람들은 병이 들거나 심각한 고민이 생기면 아폴론

신전에 가서 신탁을 받았다. 신성과 정치가 분리되기 이전이니 모든 것을 신이 관장한다고 믿었던 고대인들은 모든 사건, 사고 또한 병을 얻는 것도 신의 뜻이요 약을 얻는 것도 신의 뜻으로 간주했다.

아폴론의 신전에는 신탁을 받기 위해 찾아온 사람들의 편의를 위해 시중을 들어주는 테라페테우스(therapeutes)라는 시종이 있었다. 시종 테라페테우스는 아프거나 고민이 있어 찾아온 사람들을 돌보면서 재워주고 먹여주고 목욕을 시켜주는 일을 맡아서 했다.

신탁을 받아야 집으로 돌아갈 수 있는 사람들은 며칠 혹은 몇 달씩 신전에 머무르며 테라페테우스의 시중을 받았는데 신기하게도 신탁이 없어도 병이 낫는 경우가 많았다. 아픈 사람들의 이야기를 들어주면서 잠자리를 봐주고 목욕물을 데워 피로를 풀어주고 맛있는 음식으로 배를 채워주는 정성 어린 간호로 인하여 사람들이 심신의 건강을 되찾기 시작하면서 '치유'의 대명사가 된 테라페테우스, 그는 시민들을 위한 식탁을 준비하기 위해 늘 요리를 하고 있었다.

이러한 어원설을 미루어볼 때 요리라는 단어 속에는 치유의 의미도 포함되어 있다고 볼 수 있다. 배가 고프다는 것은 단지 배고픔이 아니라 에너지의 결핍일 수도 있고, 음식을 먹는다는 것은 배를 채운다는 의미를 넘어 충전이 되는 것이다. 그리고 그러한 음식을 만드는 사람 역시 치유에 동참하는 것이라고 생각한다면 지나친 확대해석이 될까? 하지만 분명한 건, 음식의 기능은 단지 배만 채우는데 그치는 게 아니라는 것이다.

음식 장사를 한다는 건 기본적으로 배고픔을 해결해주는 일이다. 하지만 인간에게 있어 가장 기본적인 욕구에 속하는 식욕을 만족시켜준다는 건 단지 물건을 사고판다는 개념을 넘어 결핍과 불만을 해소시켜주는 일이기도 하다. 물론 음식을 만들어 돈을 받고 팔지만 손님의 배가 부르면 내 배도 불러지는 게 음식장사다. 그러니 음식장사를 하는 사람은 치료사의 일도 겸하고 있다는 생각을 한 것이다. 우리 가게의 음식을 먹고 만족스러운 얼굴로 나가는 손님을 본다는 건 분명 기쁜 일이다.

음식은 많은 일을 한다. 비 오는 날, 파전에 곁들여 먹는 막걸리 한 잔은 이벤트가 될 수 있다. 비를 핑계로 소원했던 사람들과 모여 앉아 파전을 찢어먹는 모습은 보기만 해도 흐뭇하다.

생일을 맞아 모처럼 가족 외식을 하는 것도 기쁨 중의 커다란 부분을 차지한다. 승진을 하거나 합격을 했을 때, 프러포즈를 할 때도 맛있는 음식이 빠지지 않는다. 때로는 방전이 되다시피 돌아온 가족들을 불러 모아 불판 가득 삼겹살을 올려놓고 구워 먹는 모습을 보는 것도 음식장사로서는 커다란 기쁨이다. 인간은 크고 거창한 것보다 작고 구체적인 것에서 행복을 느낀다. 음식상을 앞에 놓고 둘러앉아 이야기꽃을 피우고 있는 사람들의 모습은 아름답다.

나는 메뉴를 개발하면서 맛도 맛이지만 어떻게 하면 조화로운 식단을 구성할까를 연구한다. 식재료끼리 궁합을 맞추는 건 물론이고 식감이며 색감도 어떻게 하면 좀 더 보기 좋을까를 고민한다. 보기 좋은 떡

이 먹기도 좋다. 영양적인 조화는 두말할 필요도 없다. 거기에 편안함을 원칙으로 하는 인테리어와 서비스, 손님이 찾아오기 쉬운 입지 조건까지 손님과 음식, 공간이 조화를 이룰 수 있도록 심혈을 기울인다.

식당에서 음식만 맛있으면 됐지 조화까지 생각할 필요가 있느냐고 물을 수도 있겠지만 나는 음식만 파는 것이 아니다. 나는 음식 그릇 위에 평생 잊지 못할 추억을 덤으로 얹어주고 싶다. 그러니 식당 안에 있는 모든 것이 유기적으로 연결되고 조화를 이룰 수 있도록 최선을 다하는 것이다.

외식 창업을 하려는 사람에게 컨설팅을 할 때면 내가 늘 당부하는 말이 있다. 음식장사로 성공하고 싶으면 계산을 마치고 나가는 손님의 멀어지는 뒷모습을 오래 지켜보라고 한다. 대체로 들어오는 손님의 얼굴은 유심히 살피게 되지만 이미 계산을 마친 손님은 신경을 쓰지 않는다. 하지만 들어올 때의 얼굴 못지않게 나갈 때의 뒤태도 유심히 봐 둘 필요가 있다. 결국 뒷모습을 보이고 간 손님이 얼굴을 보이며 다음에 다시 온다. 손님의 뒷모습은 많은 이야기를 담고 있다. 우리 매장의 식사가 마음에 들었는지, 마음에 들었다면 어떤 부분이 만족을 주었는지, 혹시 불편했다면 어떻게 개선하면 될지, 무엇보다 다음에 다시 오고 싶은지…. 얼굴만 봐서는 알 수 없는 것들이 뒷모습에 담겨있다.

"손님, 우리 매장 음식으로 더욱 인간관계가 돈독해지셨는지요?"

"손님, 우리 매장 음식으로 마음껏 축하해주셔서 기쁘신지요?"

"손님, 우리 매장 음식으로 힘이 좀 나셨는지요?"

"그렇다면 손님, 이제 방전된 에너지를 회복하셨으니 세상에 나가 또 열심히 사십시오. 그러다 힘 빠지면 다시 오십시오!"

아폴론의 신전에서 신탁을 받지 않고도 병이 나을 수 있었던 건 테라페테우스의 돌봄 덕분이다. 우리 매장에 온 손님이 맛있게 음식을 즐기고 만족스럽게 돌아갈 때 나는 테라페테우스가 된다. 왜냐하면 나는 음식만 판 것이 아니라 잊지 못할 추억을 덤으로 얹어 주려 노력했기에, 그런 내 마음이 '힐링' 혹은 '테라피'가 되기를 진심으로 바란다.

덧붙여 누군가에게 행복을 준다는 것은 나 역시 행복해지는 것이다. 행복은 전염성이 강하다. 한 끼 식사를 마치고 든든한 얼굴로 걸어 나가는 그들의 뒷모습을 보며 나 역시 행복감을 느낀다. 그것은 돈을 벌어서가 아니라, 나의 음식을 누군가가 알아주고 거기에 만족한다는 것의 기분 좋음이 자리하고 있기 때문이다.

살면서 누군가를 행복하게 만들어 줄 수 있는 경우가 얼마나 되겠는

가. 하지만 외식업은 그런 행복감을 날마다 선사한다. 배고픈 자에게는 배부름을, 대화가 필요한 사람에게는 친해질 수 있는 공간을, 설레는 남녀는 더욱 돈독하게 해주고, 사랑을 키워 가는 이들에게는 같이 있는 시간을 선물해준다.

그렇다. 우리는 음식을 만드는 사람이면서 동시에 행복감을 주는 사람이다. 그것은 한 끼의 식사가 지닌 위대함이며, 우리가 누릴 수 있는 기쁨이기도 하다. 나는 오늘도 우리 식당문을 열고 나가는 손님의 뒷모습을 바라본다. 사랑하는 사람의 뒷모습을 보듯 오래오래 보고 있다. 부디, 저 손님이 언제나 건강하고 행복하시라는 마음을 가득 담고서. 또한 그 손님의 뒷모습에서 나 역시 행복감을 느낀다. 저들이 보낸 이 작은 시간이 저들의 인생에서 얼마나 기억에 남을지 알 수 없지만, 나는 저들을 기억하고 그 웃음을 기억하며, 풍족한 표정을 마음에 새길 것이다. 그런 손님들의 표정이 하나씩 하나씩 차올라 나는 또 다른 행복을 주기 위해 새로운 메뉴를 만들 것이고, 매일 아침부터 밤까지 가게를 돌볼 것이며, 다시 올 그들에 대한 설렘으로 하루를 마무리 할 것이다. 그것이 나의 삶이고 또 내가 누리는 행복이다.

15

눈치 빠른 고객, 변화 없는 사장의 넘사벽

변화를 주도하고 시대를 이끌어가는 건 언제나 역발상이었다. 그러한 역발상이 시대 의식과 맞아떨어질 때 공감과 지지를 얻게 되는 것이다. 장사에 성공하는 사람은 시대에 수동적으로 적응해가는 것이 아니라 빠르게 흐름을 감지하고 선두에 서서 주도해가는 사람들이다.

마케팅에 있어 역발상은 매우 중요하다. 당연하게 알고 있던 것을 뒤집어 새롭게 만드는 창의적인 행동이기 때문이다. 발상의 전환 하나만으로도 성공할 수 있는 세상이다. 물론 그 뒤에는 발상만큼이나 품질이 따라주어야 하겠지만, 하루에도 수없이 많은 제품이 생산되고 구매자의 손길을 기다린다. 현대를 살아감에 있어 남과 다른 차별화는 이제 필수불가결한 조건이 되었다.

외식업계는 더욱 그러하다. 퓨전요리들이 쏟아져 나오지만, 본질적으로 한국의 외식 사업은 엇비슷한 요리들이 손님들의 시선을 끌기 위해 고군분투하는 양상이다. 나 역시 아주 흔한 아이템인 국밥, 족발 등으로 외식업에 자리하고 있다.

외식업에서도 역발상은 매우 중요하다. 사실 외식업이야말로 역발상이 꼭 필요한 곳이다. 역발상의 한 일화를 소개하고자 한다.

지금은 세계 1위의 포털사이트인 구글이 등장하기 전 챔피언은 야후였다. 실제로 야후는 인터넷 포털 1위를 장기간 차지했다. 당연히 1위를 놓치지 않기 위해서 더 많은 서비스를 구축하며 노력했다. 메인화면에는 날씨와 지도, 광고와 블로그 등 수십 개의 서비스가 존재했고, 그 모든 서비스를 다 즐길 수 없을 정도로 가짓수도 많았다. 그에 따라 광고 문의가 쇄도했고 광고 배너 역시 가득했다.

대한민국의 인터넷 속도에 비해 외국의 인터넷은 그리 빠르지 않다. 지금도 그러한데, 야후가 1위를 할 시절에는 정말 느렸다. 당시 소비자들은 웹서핑이 느린 것은 불편한 것이 아니라 당연한 것이라 생각했다. 하지만 이용자들은 처음엔 다양한 서비스에 신기해했지만 점점 야후의 검색에 시간이 걸리면서 부담스러워 하기 시작했다. 많은 이미지들은 그만큼 긴 시간을 필요로 했고 소비자들은 지루하고 불편함에 좀 더 빠른 검색을 요구했다.

그러던 어느 날 구글이 등장했다. 구글은 소비자들에게 야후의 느린 속도가 불편한 것이라는 것을 인식시켜 주었다. 그 인식의 시작점이 바로 메인 페이지의 변화였다. 극단적으로 말하자면 구글의 메인에는 아무것도 없다. 포털 제목과 검색창을 제외하곤 말이다. 구글은 수많은 서비스들을 제거한 대신 소비자들에게 빠른 속도를 선사했다.

구글은 이어 크롬이라는 인터넷 접속 프로그램까지 개발했고, 소비자들에게 빠른 웹서핑이라는 점을 강하게 어필했다. 수많은 서비스에 대한 이득은 검색 광고라는 시스템으로 극복했다. 구글이 거대 공룡인 야후와 싸운 방식은 단 하나였다. 역발상! 인터넷은 느리다는 발상을 뒤집은 것이다. 이 발상의 전환이 지금 구글을 세계 1위로 만들었다.

변화하는 시대에 적응하지 못하면 도태되는 건 장사도 마찬가지다. 편견이나 고정관념에 사로잡혀 남이 하던 그대로의 방법으로 장사를 해서 크게 성공했다는 이야기는 들어본 적이 없다. 변화를 주도하고 시대를 이끌어가는 건 언제나 역발상이었다. 그러한 역발상이 시대 의식과 맞아떨어질 때 공감과 지지를 얻게 되는 것이다. 장사에 성공하는 사람은 시대에 수동적으로 적응하는 것이 아니라 빠르게 흐름을 감지하고 선두에 서서 주도해가는 사람들이다.

족발 전문점 <더도이 참족>이 그런 고정관념을 탈피한 역발상이 먹

혀들어간 경우에 해당한다. '족발'하면 시끌벅적한 풍경, 떠들썩하게 소주잔이 오가는 서민적인 분위기, 왠지 시장통에 있으면 어울릴 것 같은 이미지가 떠오른다. 딱히 웰빙푸드의 느낌이 있다거나 연인들이 오붓한 시간을 보내기 좋은 장소와 족발을 연관시키기는 쉽지 않다.

하지만 족발은, 콜라겐을 비롯한 각종 영양성분이 골고루 첨가되어 있고 비만 걱정 없이 즐길 수 있는 좋은 식품이다. 한 마디로 미래식품인 것이다. 그럼에도 불구하고 족발에 따라다니는 이미지는 웰빙과 거리가 멀다는 사실이 안타까웠다. 게다가 족발집에는 여성들이 가기를 꺼린다는 것, 그리고 가족 외식을 하기에도 부적합하다는 일반적인 인식도 바꾸고 싶었다. 자고로 음식점이 잘 되려면 여성 고객이 많이 와야 한다. 음식을 직접 만드는 주부의 입장에서 맛을 평가하고, 섬세함으로 분위기를 느끼고, 까다로움으로 서비스를 즐기는 여성고객을 만족시킨다면 성공의 가능성이 훨씬 높기 때문이다.

나는 어떻게 하면 족발집에 여성을 오게 할까 고민하기 시작했다. 영양 성분으로 보나, 맛으로 보나 미래식품인 건 분명한데 족발에 따라다니는 이미지 때문에 여성 고객을 확보하기가 어렵다는 점을 극복하기 위해 생각을 집중했다.

그날부터 나의 화두는 "여자는 무엇으로 사는가?"였다.

우선, 족발집 하면 떠오르는 분위기의 반전을 시도했다. 여성 고객들이 삼삼오오 짝을 지어 가는 곳은, 음식도 맛있어야 하지만 무엇보다 분위기가 편안하고 고급스러워야 한다. 모처럼 집을 벗어나 옛 동창들을 만나러 갈 때 한껏 치장을 하는 건, 일상을 벗어나고픈 욕구 때문일 것이다. 여성들은 지루한 일상을 떠나 다른 분위기를 원할 때 어디로 가는가?

나는 카페를 떠올렸다. 카페나 레스토랑에서 스테이크를 먹듯 우아하게 족발을 즐길 수 있다면? 나는 당장 작업 구상에 들어갔다.

아늑하고 넓게 자리 배치를 하고, 간접조명으로 은은한 공간을 연출하자. 왁자하게 떠들며 족발을 뜯어먹는 게 아니라 고급스러운 식기에 담아서 품위 있게 즐길 수 있도록 하자. 여성이 오면 가족도 온다. 가족을 위한 공간도 만들어야겠구나. 그리고 로맨틱한 시간을 만들기 위해서 방문한 연인을 위해서는 조금 더 프라이빗 한 공간을 만들어야 하지 않을까. 입구부터 화장실까지 모든 걸 차별화하자. 특히 화장실, 최고급 호텔을 연상시킬 수 있는 화장실이라면 고객도 내 정성을 알아주겠지.

나는 여자 화장실에 파우더룸을 따로 만들고 흡연자의 자존심까지 생각해주는 공간을 디자인했다. 물론 그러기 위해서는 인테리어 비용이 만만치 않았지만 초기 투자를 잘해야 황금알을 낳는 거위가 보금자리를 튼다는 내 지론을 밀어붙이기로 했다. 반전은 분위기에만 있는 게 아니었다.

레스토랑에서 코스요리를 먹듯 족발을 먹기 위해서는 족발 한 접시에 풋고추와 상추만 덜렁 내줘서는 안 되지 않겠는가? 메인 요리 외에 사이드 요리로 차별화하자.

당장 메뉴 개발에 착수했다. 메인 디시를 서빙하기에 앞서 헛개나무를 재료로 한 수프를 먼저 제공하고 신선한 야채를 엄선해 샐러드도 곁들이기로 했다.

그렇게 <더도이 참족> 본점이 탄생하자 손님들의 반응은 뜨거웠다. 족발집이 아니라 레스토랑 같다는 찬사가 들려왔다. 입소문을 타고 재방문을 하는 고객이 갈수록 늘어났다. 회사 회식에 참석했던 여성들이 <더도이 참족>에서 동창모임을 했고, 회식에 왔던 가장들은 가족과 함께 다시 왔다. 동창회에 왔던 여성들은 연인과의 오붓한 식사를 위해 예약을 했고 그 연인들이 100일 기념일이라며 또 <더도이 참족>의 문을 열고 들어왔다.

역시 남들 하는 방식대로 해서는 안 된다는 걸 나는 <더도이 참족>을 창업하면서 다시 한 번 깨달았다. 족발집 인테리어로는 지나치게 공을 들이면서 나도 마음을 졸이지 않은 건 아니었지만 족발의 고정관념을 깨고 새로운 시도를 하지 않았다면 <더도이 참족>을 재방문하는 고객이 지금처럼 많지 않았을 거라는 건 분명하다.

무엇보다 먼저, 시대의 흐름을 읽어내고 주도할 수 있는 발상이 필요하다. 그러한 발상은 고정관념에 갇히지 않는 유연한 사고에서 비롯된다. 지금은 구태의연하게 답습을 하는 시대가 아니다. 빠르게 변해가는 시대를 알아야 하고, 시대를 앞서가야만 원하는 목표에 이를 수 있다는 것을 잊어서는 안 된다.

4장

사랑을
남기는
장사꾼이
고수다

16

월요일 아침에 온 손님

사람은 먹어야 힘이 난다. 아무리 위대한 일을 할 수 있는 능력이 있더라도 먹지 않고는 할 수가 없다. 월요일 오전에 온 여자 손님, 그녀처럼 모든 손님들이 우리 집 음식으로 힘을 내줬으면 좋겠다. 그리고 그 힘으로 세상에 도움이 되는 일들을 해줬으면 하는 바람으로 나는 오늘도 음식장사를 한다.

음식장사는 월요일 오전이 대체로 다른 요일에 비해 덜 붐빈다. 한바탕 일요일의 북새통을 치르고 나면 식당 종사자들도 한숨을 돌리는 월요일 오전, <종가집 돼지국밥>에 한 여자가 들어왔다. 나이를 가늠하기 힘든 외모에 뭐라 형언할 수 없는 표정, 꽤나 미인일 법도 한데 워낙 부스스한 모습이라 묘하게 불균형한 분위기를 자아내는 여자였다. 어림잡아 삼십 대 후반 혹은 마흔쯤 되었을까? 왜소한 여자는 가게 문도 겨우 열고 들어올 만큼 지쳐 보였다. 일주일을 기획하는 바쁜 와중에도 나는 월요일 아침에 돼지국밥집에 혼자 온 여자 손님을 눈여겨보지 않을 수가 없었다.

여자는 쓰러지듯 자리에 앉았다. 종업원이 주문을 받으러 가자 말없이 메뉴판을 가리켰다. 그리고는 손을 가늘게 떨어가며 물컵을 들어 올려 입을 축였다. 물 한 모금을 마시기도 버거운 모습, 저러다 쓰러지지나 않을까 안타까운 마음으로 지켜보는 건 나만이 아니었다. 주방에서도 홀에서도 말은 안 하지만 여자의 일거수일투족을 주시하고 있었다. 나는 일어날 수 있는 여러 경우의 수에 대해 걱정하며 여차하면 119라도 불러야겠다는 생각을 하고 있는데, 국밥 한 그릇이 여자 앞에 놓였다.

여자는 얼굴을 향해 피어오르는 국밥의 김을 쐬며 가만히 음식 그릇을 들여다보았다. 음식이란 보는 게 아니라 먹는 것인데, 여자는 신중하고 진지하게 보고만 있었다.

"음식이 다 식어 어떡하나?"

내 옆에 서 있던 실장의 입에서 낮은 중얼거림이 흘러나왔다. 모두들 여자가 이서 음식 먹기를 기다리고 있었던 모양이다. 여자가 힘겹게 숟가락을 들었다. 마치 국밥을 처음 먹어보는 듯 여자는 숟가락 끝에 국물을 조금 묻혀 입으로 가져갔다.

"이왕 먹는 거 한 숟가락 푹 떠서 먹을 일이지, 쯧쯧."

실장은 혀를 차며 안타까워했다. 실장도 나와 같은 마음으로 여자의 숟가락질을 지켜보고 있었던 것이다. 그렇게 한 숟가락을 떠먹고 여자는 또 한참 음식을 보고만 있었다. 그러다 또 한 숟가락, 한참이 지나 또 한 숟가락, 시험 문제를 풀듯 차근차근 여자는 국물을 떠먹었다. 여자가 숟가락질을 할 때마다 <더도이 종가집>의 모든 식구들이 응원을 하듯 마음을 졸였다. 그렇게 조금씩 먹기 시작한 지 삼십 분쯤 지나자 그릇의 반이 비었다. 여자의 얼굴에 화색이 돌았다. 힘없이 떨면서 숟가락을 쥐었던 팔에도 힘이 좀 생겼는지 제법 꿀꺽 소리가 날 정도로 물을 마시기도 했다.

그렇게 힘겹게 국밥 반 그릇을 먹은 뒤 여자는 조용히 자리에서 일어났다. 들어올 때보다는 덜 불안한 모습이었지만 워낙 마르고 지친 모습이라 여전히 걸음이 불안정했다. 계산대에 서 있던 실장에게 여자가 카드를 내미는 순간, 나는 <더도이 종가집> 쿠폰 두 장을 여자에게 내밀었다. 무료로 국밥을 먹을 수 있는 쿠폰 한 장과 수육을 먹을 수 있는 쿠폰 한 장이었다. 여자는 의외라는 듯 나를 쳐다보았다. 아마도 생전 처음 와서 국밥 한 그릇 값을 지불하는 손님에 대한 혜택치고는 과하다 싶어서였을 것이다.

사실 그랬다. 아무리 퍼주는 게 내 특기라 하더라도 쿠폰이란 일정한 매출에 비례해 제공하는 것이다. 하지만 나는 왠지 여자가 우리 집 밥을 먹고 힘을 좀 내주었으면 좋겠다는 생각이 들었고 이 쿠폰이 <더도이 종가집>의 문을 쉽게 열고 들어올 수 있는 계기가 되었으면 하는 바람이 생겼다. 여자가 모기만 한 소리로 고맙다며 고개를 숙이고 나가자 실장과 나는 무언의 미소를 나누었다. 역시 실장도 같은 마음이었다는 걸 또 한 번 느끼는 순간이었다.

며칠이 지나 예의 그 여자 손님이 다시 왔다. 쓰러질 듯 마르고 지친 모습은 여전했지만 그래도 먼저번 방문했을 때와는 그렇게 불안해 보이지 않았다. 국밥 한 그릇을 주문해놓고 얼굴에 김을 쐬며 들여다보고 있는 것도 마찬가지였고 시험 문제를 풀듯 신중하게 숟가락질을 하는 것도 같았지만 손끝이 떨리지는 않았다. 나는 식당에 많은 손님이 식사를 하고 있었기 때문에 여자를 계속 주시하고 있을 수는 없어도 여자가 훨씬 안정되어 있다는 건 알 수 있었다.

여자가 국밥 반 그릇을 비우고 일어나 계산대로 갔다. 여자는 카드를 내밀고 나는 쿠폰을 내미는 것도 며칠 전과 같았다.

"손님, 언제든지 이 쿠폰 쓰셔도 됩니다. 한번 오신 손님 또 오시라는 의미로 드리는 거니까 부담 없이 활용하십시오."

여자의 표정이 풀리면서 언뜻 미소가 스쳤다. 워낙 무표정한 얼굴이라 그렇게라도 표정이 변하는 게 신기했다. 결론적으로 그 여자는 지금 단골이 되었다. 그때 내가 준 쿠폰도 활용했다. 후, 하고 불면 날아가 버릴 것 같던 몸피도 조금씩 살이 붙었고 음식을 보고 있는 대신 바쁘게 수저질을 히며 먹기도 한다. 이제 비정상으로 보이거나 불안해 보이지 않는다. 아직도 마르고 왜소한 건 여전하지만 표정이 살아있고 정상적인 직장생활도 한다.

그 여자 손님의 비하인드 스토리를 공개하자면 이렇다. 여자는 대학을 졸업하면서 바로 결혼을 해 아이 둘을 낳았다. 아직 이십 대이던 그녀는 어쩌다 남편과 별거를 하게 되면서 친정어머니와 살게 되었는데, 치매 초기의 친정어머니는 성격파탄의 양상을 보였다. 젊은 나이에 두 아이의 엄마가 되고 성격장애가 있는 친정어머니를 모셔야 하는 환경에서 여자는 거식증을 앓게 된다.

결혼한 지 얼마 되지 않아 여직원과 남편이 바람을 피운 이유를 자신이 살이 쪄서라고 생각하게 되었고 그런 여자의 음식을 거부하는 거식을 친정어머니는 부추기고 있었다. 그러는 사이 여자는 거식과 폭식을 반복하며 건강을 잃고 되었고 친정어머니의 병세는 악화되었다. 모녀가 함께 신경정신과를 들락거리는 상황에 여자는 우울증까지 겹쳐지면서 최악의 고비를 맞이해야 했다. 그러던 중 친정어머니는 급기야 정신줄을 완전히 놓고 요양병원에 가게 되었는데, 이러한 어머니에 대한 상실감이 여자를 더욱 위기로 몰아가고 있었다.

하지만 여자는 한때, 자신이 장래를 촉망받던 수재였다는 걸 생각해 냈다. 자신이 놓친 시간을 생각한 것이다. 한창 공부해야 할 나이에 덜렁 결혼을 해버렸던 게 불행의 시작이었다는 결론에 이르게 된 것이다. 여자는 그 길로 정신을 바로잡고 밥부터 먹자는 생각을 했다고 한다. 언제까지 비만 때문에 남편을 잃었다는 자책에 시달리며 음식을 피해 다닐 수는 없다고 생각한 그 순간, 그녀는 <더도이 종가집>의 문을 열고 들어왔던 것이다. 그렇게 국밥 반 그릇을 힘겹게 비우고 간 뒤에 그녀가 제일 먼저 실행한 것은 이혼 서류에 도장 찍는 일이었다. 십수 년을 별거하던 남편은 끝없이 이혼을 요구해 왔지만 용기를 내지 못하고 있던 여자는 그날 국밥을 먹으며 다짐을 했다고 한다.

"그래. 이 밥 먹고 힘내서 다시 시작하자. 어떻게 태어난 목숨인데 이렇게 하찮게 살다 갈 것인가!"

과감하게 이혼을 결행한 그녀가 다음으로 한 일은 대학원 진학이었다. 고등학교와 중학교에 입학한 두 아들을 키우는 입장에서 여자가 공부를 한다는 건 거의 불가능한 현실이었지만 용감해지기로 결심했다고 한다. 고등학교를 수석으로 입학한 전적이 여자에게 용기를 주었다. 여자는 모교의 대학원 국문학과 학과장을 만나 담판을 지었다.

"정말 공부하고 싶은데 돈이 없습니다. 열심히 할 테니 길을 열어주십시오."

뜻이 있는 곳에는 반드시 길이 있다. 학교의 도움으로 여자는 이 년 만에 석사과정을 마치고 박사과정으로 진학해 수료했다. 초스피드로 대학원 과정을 마친 셈이다. 그만큼 여자는 절박하게 공부가 하고 싶었고 절박했던 만큼 열심히 한 결과였다. 석·박사를 마치는 동안 여자는 돈 한 푼 들이지 않았다. 첫 학기 등록금을 마련하기 위해 결혼반지를 팔았지만 사 년 동안 이런저런 프로젝트에 연구원으로 참여하고 장학금을 받으면서 오히려 결혼반지 몇 개를 더 살 만큼 연구재단의 지원을 받았다. 그리고 지금 그녀는 부산에 있는 몇 개의 대학에서 강의를 하는 교수님이 되었다. 비록 시간강사지만 학생들로부터 강의평가도 좋고 강의 개발도 하면서 자칫 사장(死藏)될 뻔했던 재능을 유감없이 발휘하고 있다.

지금도 가끔 그녀가 <더도이 종가집>의 문을 열고 들어올 때면 나는 진심으로 반갑다. 숟가락을 들 힘도 없어 보이던 사람이 교수님이 되기까지 수없이 <더도이 종가집> 국밥을 먹었다는 사실도 뿌듯하다. 거식 증상과 우울증에서 헤어 나오지 못하던 때가 있었나 싶게 당당하고 활기찬 그녀를 볼 때마다 나도 새롭게 용기를 얻는다. '이 밥 먹고 힘내서 다시 시작하자.'고 마음먹었다던 그 시작의 순간에 <더도이 종가집> 모든 식구가 응원을 보냈다는 사실도 생각할수록 감격스럽다. 그렇게 보는 이를 조마조마하게 하던 숟가락질이 결국은 유능한 교수님을 배출했다는 사실을 떠올릴 때마다 스스로 대견하지 않을 수 없는 것이다. 나는 이럴 때 내가 음식 장사를 한다는 게 자랑스럽다. 사람은 뭐니 뭐니 해도 먹어야 힘이 난다. 아무리 위대한 일을 할 수 있는 능력이 있더라도 먹지 않고는 아무 일도 할 수가 없다.

월요일 오전에 온 여자 손님, 그녀처럼 모든 손님들이 우리 집 음식으로 힘을 내줬으면 좋겠다. 그리고 그 힘으로 세상에 도움이 되는 일들을 해줬으면 하는 바람으로 나는 오늘도 음식장사를 한다.

17

소통은 음식으로 시작된다

따뜻한 음식을 앞에 두고 서로의 이야기에 귀를 기울이려는 노력이
있는 한 희망을 가져도 좋을 것이다. 서로의 접시에 음식을 덜어주
는 사소한 행동 하나, 함께 음식을 공유하며 주고받는 공감의 시선
하나, 그런 것들이 결국 진정성 있는 소통이라 나는 믿는다.

최근에 읽었던 책 중, 인상 깊었던 책이 한 권 있다. 한국학중앙연구
원 한국학대학원 민속학 전공 교수인 주영하 교수의 《음식인문학》이다.
인문학의 중요성이 최근 몇 년간 국내에 불어 닥쳤지만 정작 음식 부분
에서는 조용하기만 했는데, 음식과 인문학을 연결시켰다니 외식업 종
사자로서 궁금하지 않을 수 없었다. 또 사실 개인적으로 음식이야말로
인문학과 장단이 잘 맞는 분야라고 생각하기에 궁금함에 책을 펼쳐보
았다.

사람뿐만 아니라 지구상에 살아 있는 모든 생명체는 생존을 위해
서 각자 나름의 다양한 방법을 이용해 생명 유지 활동에 필요한 영
양분을 섭취해야 한다. 사람은 날것이든 조리를 하든 음식을 먹음으

로써 힘을 얻고 이것은 대다수 동물도 마찬가지다. 그러나 자연에서 생산되는 먹이만을 이용할 수밖에 없는 동물들과는 달리 사람은 농사를 짓거나 가축을 기르는 등 먹는 것을 생산하기 위한 체계적이고 효율적인 기술을 오래전부터 익혀오면서 다양한 식량 자원을 자급자족할 수 있었고, 이렇게 생산된 재료를 더러는 날로도 먹지만 대부분 가공하고 조리하여 '음식(飮食)'으로 만들어 먹는다.

인간에게 음식은 생명 유지 활동을 위한 영양분을 제공한다는 기초적인 의미를 넘어서 음식이 주는 다양한 풍미로 말미암은 기쁨과 포만감은 생활의 활력소가 될 뿐만 아니라 음식의 변천 과정에는 문화와 사회, 정치경제의 역사적 변천 과정의 흔적이 각인되어 있다. 또한, 음식은 먹는 사람의 사회적 지위나 경제적 여건 등을 반영하기도 한다.

음식은 사회를 반영하는 지표다. 때로 사회를 지배하는 문화의 일부였으며 그렇기에 시대적 상황에 따라 변할 수밖에 없었다. 음식을 생산하고 소비하는 과정에는 주변의 인간관계나 사회조직이 관여하고 종교적 세계관 등의 사상적인 면도 개입되어 있다. 그래서 과학·예술·역사·사회, 그리고 다른 여러 학문 분과를 포함하여 음식에 대한 비판적 고찰을 하는 학문인 '음식학'이 존재하는 것이다. 무엇보다 나는 이 책에서 음식과 소통에 대한 부분에 흥미를 느꼈다.

오늘날 한국인이 생산·소비하는 음식물은 결코 물질적 속성만을 가지고 있지는 않다. 20세기 100년을 거치면서 한반도에서 생산·소비되는 음식에는 사회문화적 맥락이 담겨 있다. -156p

내가 이 부분에 공감하는 것은 여러 의미가 있겠지만 사회문화적 맥락은 '소통'과 연결된다. 사회란 곧 서로 간의 다양한 관계 속에서 이루어지기 때문이다.

소통은 인간의 본능이다. 소통하지 않는 사회는 이미 사회조직으로서의 구조가 파괴된 원시 사회다. 심각한 사회문제로 대두되고 있는 학교폭력의 경우를 보면, 물리적인 폭력도 있지만 '왕따' 혹은 '은따(은근한 따돌림)'를 당하면서 스스로 목숨을 끊었다는 소식도 심심찮게 들린다. 즉, 소속된 집단으로부터 소외됨으로써 소통의 욕구가 충족되지 못하면 죽음에 이를 수도 있다는 것이다.

물리적인 폭력이 타의에 의한 가해라면, 소외감은 스스로를 무가치하게 여기고 스스로 죽음을 선택하게 만들 수도 있는 자발적 가해로 이어지기도 한다. 더욱이 21세기를 사는 오늘의 우리들은 디지털, 네트워크, 모바일, 영상이 결합된 다양한 매체들을 만나며 살고 있다. 당연히 디지털 문화 환경과 새로운 인간형이 탄생하고 극히 디지털적인 생활 풍속도가 연출되기도 한다.

소셜패밀리의 등장이 그 좋은 예가 될 것이다. 신종어 소셜패밀리의 개념은 멀리 떨어져 있는 가족을 만나는 대신, 가족이 그리운 사람들이 일시적으로 모여 일종의 가족 코스프레를 한다는 것인데, 가족의 지형도가 급격히 변해버린 세태를 적나라하게 보여주는 말이기도 하다. 소셜패밀리가 결성이 되면 우선, 일정한 공간에 모여 '집밥'을 해 먹으며 각자의 가족에 대한 이야기를 하며 시간을 보낸다고 한다. 연배에 따라 자연스럽게 가족 구성원으로서의 역할이 정해지기도 하고 때에 따라서는 일시적인 부모나 형제가 되어주기도 하는 모양이다. 한마디로 '짝퉁 가족 놀이'를 하는 것이다.

이런 현상에 대해 긍정이나 부정으로 단정적으로 말하기는 애매하다. 사회가 그렇게 흐른다는 것은 그만큼의 이유가 있기 때문이다. 다만 여기서 간과해서는 안 될 게 있다. 진짜 가족이든 짝퉁 가족이든 그들의 이야기는 '밥상'을 둘러싸고 전개된다는 것이다.

가족 하면 떠올리는 풍경은 온 가족이 모여 앉아 도란도란 이야기꽃을 피우는 식탁풍경이다. 김이 모락모락 피어오르는 음식을 나누어 먹으며 나누는 이야기는 단순한 이야기가 아니다. 어머니나 아내가 정성스럽게 퍼주는 국 한 그릇에는 오늘도 탈 없이 하루를 살아준 가족들에 대한 사랑이 깃들어 있고 그 국을 맛나게 비우는 가족들 역시 안정과 화목을 먹는 것이다. 영양 성분을 분석하는 것으로는 도저히 설명할 수 없는 것들이 음식 안에는 들어 있다.

조선시대의 음식문화에 대한 기록을 보면, 조선시대 사람들은 식탐이 많았다는 기록들이 많다. 대표적으로 성현이 쓴 《용재총화》를 보면 가난뱅이는 빚을 내어서라도 실컷 먹어보고 싶다는 소망을 곳곳에서 확인할 수 있으며, 군사들이 행군하면 군량이나 부식이 보급품의 절반 이상을 차지하고, 관료들은 수시로 모여 술을 마신다는 구절이 있다. 물론 관료뿐만 아니라 평민들도 술을 많이 마셨으며 자신에게 주어진 술을 결코 남기는 일이 없었다고 한다. 우리나라 사람들이 술을 많이 마시는 것도 이러한 전통이 지금까지 전해 내려왔기 때문이라고 생각한다.

조선시대 사람들의 한 끼 식사량은 임진왜란 당시 오희문이 기록한 《쇄미록》을 보면 한 끼에 7홉의 쌀로 밥을 지어먹었다고 한다. 7홉은 오늘날 도량형으로 환산해보면 420cc 정도인데, 오늘날 밥 한 공기가 140~160cc 정도인 것과 비교하면 무려 3배나 많은 양이다. 간단하게 말하면 맥주 500cc 잔에 생쌀을 가득 담은 양이 한 끼인 것이다. 즉, 조선시대 때 사람들은 오늘날 사람들과 비교해서 3배 이상의 밥을 먹었다는 뜻이다. 밥을 왜 많이 먹었는지에 대한 여러 이야기가 있지만 당시에는 현대처럼 다양한 희망이나 꿈보다는 배불리 먹어보는 것이 소원일 수도 있었다고 생각한다. 그래서 음식을 먹을 일이 생기면 많은 양의 음식을 본능적으로 먹었을 것이다. 하지만 한 가지 확실한 것은 여럿이 모여 반찬을 나누고 모두 도란도란 모여 식사를 했다는 것이다. 식사 자체에서 행복감을 느끼고 결속력과 유대감을 강화한 것이다.

사실 소통이란 그런 것이다. 상대를 알고 상대와 익숙해지면서 하나의 울타리가 생기는 것이다. 그 울타리가 과거에는 폐쇄적이었다면 현대엔 유연해졌을 따름이다. 그런 면에서 음식은 소통을 위한 필수불가결한 행위였다. 현대도 마찬가지다. 먹으면서 대화를 하는 것은 가장 기본적인 친화 행위다. 다만 대가족이 해체된 지 상당한 시일이 흘렀기에 지금은 소규모 그룹 형태가 주를 이룬다.

이러한 문화가 앞으로는 또 어떻게 변할지 알 수 없다. 옆 나라 일본에서는 혼자 밥 먹는 손님들을 위한 1인 테이블이 보편화되어 있다. 많은 것들이 변하는 시대다. 무엇이 옳은지 이제는 그것마저도 불투명하다. 하지만 한 가지 확실한 것은 사람은 먹어야 하고, 먹으면서 서로를 알아간다는 것이다. 음식은 소통을 위한 가장 기본적인 매개체이다.

1인 가족이 급격하게 늘어나면서 '나 홀로 섬'은 점점 많아지고 섬과 섬 사이에는 격랑이 거세지고 있지만, 그럴수록 우리는 소통의 길을 모색하게 된다. 왜냐하면, 소통은 본능이니까.

아무리 세상이 각박해져도 따뜻한 음식을 앞에 두고 서로의 이야기에 귀를 기울이려는 노력이 있는 한 희망을 가져도 좋을 것이다. 서로의 접시에 음식을 덜어주는 사소한 행동 하나, 함께 음식을 공유하며 주고받는 공감의 시선 하나, 그런 것들이 결국 진정성 있는 소통이라고 생각한다. 그렇기에 소셜 패밀리라도 만들어서 가족 코스프레를 해가며 '집밥'을 즐기는 풍속도까지 탄생하지 않았겠는가?

참으로 쓸쓸한 모습이지만 그들이 함께 먹는 따뜻한 음식이 있는 한 소통의 길은 열려 있으리라 믿는다.

18

사랑이 개선을 만든다

감동이란 작고 구체적인 데서 오는 것이다. 손님의 입장에서 생각하는 식당인지 아닌지 손님은 다 안다. 손님에 대해 얼마나 배려하는지 손님 눈에는 다 보인다. 그렇게 알게 되고 보게 된 손님은 '예전같지' 않아진다. 단골이 되거나 다시는 오지 않거나.

잠시 음식이 아닌 이야기를 해 보자.

'10억 원의 매니큐어'로 유명한 은행 여직원이 있다. 그녀는 사실 별다른 특징이 있는 직원은 아니다. 다만 평소 고객을 대할 때 친절하고 붙임성 있게 대하는 것이 매력 있는 아가씨다. 어느 날 칠순이 넘은 한 할머니가 은행을 찾아왔다. 여느 할머니와 다를 바 없는 수수한 차림의 할머니였다. 그녀가 환하게 웃는 얼굴로 "안녕하세요? 할머니"라고 인사 하자 할머니는 통장을 새로 개설하겠다며 안내를 부탁했다.

통장을 만드는 동안 할머니와 이 얘기 저 얘기를 하다 보니 그녀는 할머니가 지점 근처 아파트로 이사를 온 지 얼마 되지 않았다는 사실을 알게 되었다. 그녀는 할머니에게 은행 업무뿐만 아니라 주변의 편의시설에 대해 약도까지 그려주며 조목조목 설명해 주었다. 그러다가 그녀의 눈에 들어온 것이 할머니 손톱에 칠해진 빨간 매니큐어였다. 빨갛게 칠해진 매니큐어가 그녀에게는 인상적이었던 모양이다. 그렇게 새로 만든 통장을 손에 받아 든 할머니는 웃으면서 고맙다는 인사를 하고 은행을 나갔다. 그날 저녁 그녀는 할머니와의 첫 거래 기념으로 선물을 준비했다. 할머니를 위해서 준비한 선물은 1,000원짜리 매니큐어 3개였다. 며칠 뒤 할머니가 다시 은행을 찾아왔다. 그녀는 할머니를 보자마자 은행 안 테이블로 안내하고 며칠 전 할머니를 위해서 준비한 선물을 내놓았다.

"할머니, 퇴근하다 할머니 생각이 나서요. 요즘 유행하는 색깔이래요. 이것도 발라 보시고, 이것도 칠해 보세요."

기쁘게 선물을 받은 할머니는 그 답례로 다른 은행에 넣어둔 10억 원을 찾아와서 그녀가 근무하는 은행에 예치했다. 알고 보니 그 할머니는 상당한 재력가였던 것이다. 물론 그녀는 부자 할머니인 줄은 정말 몰랐다.

식객의 영화판을 보면 "음식은 혀끝이 아니라 가슴으로 느끼게 하라."는 대사가 나온다. 이 말은 정확하게 말하면 음식의 맛보다는 서비스에 대한 이야기다. 손님이 감동하는 서비스는 머리로 접근하는 것이 아니라 가슴으로 접근할 때 느낀다. 머리를 쓰면 고객은 계산적이게 된다. 그러나 가슴으로 접근하면 손님은 협조적이게 된다. 머리로 하는 서비스에는 감동이 없다. 그것은 자기의 머리에서 나온 자기중심의 서비스이기 때문이다. 그러나 가슴으로 하는 서비스에는 감동이 다르다. 손님 중심의 서비스이기 때문이다. 음식만 맛있다고 음식점은 잘되지 않는다. 무조건 싸다고 손님이 오는 것도 아니고 푸짐하다는 이유만으로 장사가 되는 것도 아니다. 손님은 정성스러운 접대에 만족하고 기억한다. 물론 음식장사의 기본은 맛이다.

감동이란 작고 구체적인 데서 오는 것이다. 손님의 입장에서 생각하는 식당인지 아닌지 손님에 대해 얼마나 배려하는지 손님 눈에는 다 보인다. 그렇게 알게 되고 경험한 손님은 '예전 같지' 않아진다. 단골이 되거나 다시는 오지 않거나 둘 중 하나를 선택한다.

외식업을 하려면 기본적으로 음식을 좋아해야 한다. 식탐을 내서 많이 먹으라는 게 아니라 음식을 잘 알아야 한다는 뜻이다. 음식을 잘 안다는 것은 예민하게 맛을 감별해 낼 줄 알고 창의적으로 개발할 수 있는 능력이라 할 수 있다. 사람의 입맛이란 제각각이지만 각각의 주장을 모으다 보면 대체로 좋은 평가를 해줄 만한 맛을 찾아낼 수 있다. 매운 건 싫어하는 사람도 한 번 더 손이 가게 하는 매운맛이라든지, 쓴맛을 좋아하지 않지만 쌉싸름한 뒷맛을 즐기게 된다든지, 단맛이 나는 재료를 쓰지 않아도 은근히 달아서 입맛을 사로잡는다든지, 각각 다른 취향의 입맛들을 무난히 맞춰주는 게 바로 음식을 아는 것이다.

앞서 말한 대로 감동을 준다는 것은 그리 쉬운 일이 아니다. 또 무작정 정성을 다한다고 해서 감동을 줄 수 있는 것도 아니다. 기본적으로 자신의 분야에 대한 공부가 선행돼야 한다. 시대에 따라 외식업의 트렌드는 늘 바뀌어 왔다. 한때는 맛이 최고였던 시절도 있었고 가격이 싼 곳이 인기를 끌었던 때도 있었다. 풍족한 시절에는 고급스러운 분위기를 선호하기도 했다. 운영자로서는 이런 흐름을 잘 읽어야 하는 것은 당연하다.

일본에서 몇 대씩 이어져 오는 장인들의 식당도 시대에 따라 일부 메뉴를 바꾸거나 인테리어를 조금씩 손본다. 전통도 중요하지만, 그만큼 시대적인 흐름이 중요하기 때문이다. 외식업은 그 시대의 가장 정확한 지표다. 그 시대에 가장 인기를 끌고 있는 음식이 무엇이냐에 따라 시대상을 파악할 수 있다.

실속이 우선인 지금은 국밥이 대세다. 그래서 나는 레스토랑 분위기의 국밥집을 만들었다. 화사하면서도 은은한 간접조명으로 실내를 환하게 밝히고 세미클래식이나 발라드 음악이 늘 흐르게 했다. 돈이 좀 들더라도 세련된 유니폼을 종업원에게 입혔고 호텔리어 못지않은 친절교육을 매일 거르지 않고 한다. 가족석과 커플석, 단체석으로 구분된 존

(zon)의 개념으로 좌석 배치를 한 것도, 국밥을 먹고 있지만 전혀 국밥집 느낌이 나지 않도록 하기 위해서다. 이러한 구상에 대한 결과는 대성공이었다. 지금 <더도이 종가집>은 부산과 경남에서 제1의 돼지국밥 브랜드가 되었다. 오랜 침체를 겪고 있는 한국의 경제구조와 외식 트렌드의 상관관계를 정확하게 파악한 덕분이다.

또한 지금은 융복합의 시대다. 외식에 있어서도 융복합적인 개념이 대세다. 외식의 지형 변화가 우리나라처럼 빠른 곳은 없다고 느낄 때가 많다. 워낙 기발한 아이디어들이 많이 등장하기 때문이다. 주꾸미와 피자를 한 세트로 묶는가 하면 등갈비에 치즈를 얹어 독특한 맛을 내기도 한다. 짬뽕 위에 산 낙지 한 마리를 그대로 올려 손님이 보는 데서 가위로 잘라주기도 한다. 살코기로 만든 300그램의 스테이크가 함께 서빙되는 5천 원짜리 칼국수 집도 있다. 그리고 국밥을 먹으러 들어갔는데 떡하니 옆에 돌솥밥이 놓인다거나 족발집에서 애피타이저로 수프가 나올 때, 손님은 어떻게 반응할지 상상해보라.
이럴 때 손님은 우선 재미를 느낀다. 의외의 상황을 연출하는 역발상으로 손님에게 강한 인상을 준다면 일단은 성공이다. 그다음은 두말하면 잔소리지만 맛이 있어야 한다. 맛은 없고 재미만 있다면 손님은 두 배로 실망할지도 모른다. 음식은 결국 맛으로 먹는 것이다. 여기에 가격으로 한 번 더 반전을 주어야 한다. 국밥 한 그릇 값에 국밥은 물론이고 돌솥밥과 샐러드까지 먹게 되면 배가 부른 동시에 마음의 포만감도 함께 느낀다.

그러나 한 가지 명심해야 할 것은 손님은 변덕쟁이라는 것이다. 지금까지 반짝하고 사라져 버린 핫 트렌드는 수도 없이 많았다. 처음에는 재미에 반해 손님이 몰리는가 싶지만 그런 단순한 재미는 유인 요소일 뿐 꾸준한 지구력까지 보장해주지는 않는다. 역발상의 충격으로 한 번 온 손님을 진득하게 붙잡는 건 더 큰 재미를 주는 것이 아니라 손님이 원하는 걸 해주는 것이다. 알면 보이지만 아는 만큼만 보이기도 한다. 문제는 그냥 '아는 것'이 아니라 '제대로 알아야' 하는 것이고, 제대로 알기 위해서는 관심과 긴장을 유지하고 있어야 한다는 것이다.

"사랑하면 알게 되고 알면 보이나니, 그때 보이는 것은 예전 같지 않으리라."

손님을 자세히 오래 보다 보면 '예전'에 보지 못한 것들이 보일 때가 많다. 손님이 원하는 맛이 어떤 것인지, 외식의 트렌드는 어떻게 변하고 있는지, 늘 그 음식이 그 음식인 지루한 반복 대신 재미를 줄 수 있는 것은 무엇인지….

19

무료 쿠폰과 알코올 중독자

마지막으로 계산을 하면서 퍼주기 식의 무료 쿠폰에 손님들은 한 번 더 놀란다. 그렇게 몇 번씩 놀란 손님은 며칠 지나지 않아 무료 쿠폰을 들고 다시 <더도이 참족>을 찾아왔다. 음식 장사를 하면서 극한의 성취감을 느끼는 건 이럴 때다. 내가 손님에게 전달하려는 의미를 정확하게 손님이 알아 들어주고, 오히려 손님으로부터 내가 하고 싶은 말을 들을 때다.

<더도이 참족> 본점을 개업했을 무렵의 일이다. 손님의 재방문율을 높이기 위해 무료 쿠폰을 발행했던 전략이 주효했다. 개업 날부터 연일 재방문 고객이 줄을 섰다. 손님들 말에 의하면 처음에는 분위기에 놀라고 다음에는 반전 메뉴에 놀란다고 했다. 그리고 마지막으로 계산을 하면서 퍼주기 식의 무료 쿠폰에 한 번 더 놀란다고들 했다.

그렇게 몇 번씩 놀란 손님은 며칠 지나지 않아 무료 쿠폰을 들고 다시 <더도이 참족>을 찾아왔다. 극한의 성취감을 느끼는 순간이다. 내가 손님에게 하려는 말을 정확하게 손님이 알아듣어주고, 오히려 손님으로부터 내가 하고 싶은 말을 들을 때다.

저녁 해가 기울면서 본격적으로 식당이 바빠질 즈음, 본점 실장이 한숨을 푹 내쉬고 있었다. 처음에는 연일 문전성시를 이루는 손님들 틈바구니에서 일이 고되어 그런가 보다 했는데, 카운터에 앉아 뭔가를 골똘히 내려다보며 한숨을 쉬고 있는 품이 피곤해서 그런 것만은 아닌 듯했다. 나는 잠시 일손을 놓고 실장에게로 다가갔다. 내가 가까이 온 줄 모르고 자못 심각하게 실장이 내려다보고 있는 것은 바로 회수된 무료 쿠폰이었다.

"사장님, 한 번 오신 손님이 다시 오시는 건 정말 반가운 일이지만 무료 쿠폰이 이렇게 많이 돌아와서야 매출이 오를지 걱정입니다."

나는 물끄러미 실장을 쳐다보며 어디서부터 이야기를 시작해야 할까를 고민했다.

쿠폰이 회수된다는 건 그만큼 재방문 고객이 많다는 의미인데, 장사의 성패는 재방문율에 달려 있으니 안심하라고 해야 할까. 아무리 무료 쿠폰이지만 딱 쿠폰만 쓰고 가지는 않으니 걱정하지 말라고 해야 할까.

"사장님, 우리가 발행한 소주 무료 쿠폰만 하더라도 4,000장입니다. 이게 다 돌아오면 도대체 돈이 얼맙니까? 게다가 쿠폰을 받았는데 집에 두고 안 가져왔으니 소주 한 병은 무료로 달라는 고객까지 있습니다. 이럴 때는 도대체 어떻게 대처해야 할지 모르겠습니다."

일단 나는 말을 아꼈다. 아무래도 이야기가 길어질 것 같아 일단 바쁜 시각은 지나고 봐야 할 것 같았다. 그날 마감을 하면서 실장과 마주앉았다. 나는 실장에게 내 경험담 하나를 들려줬다. 국밥 체인점 <종가집 국밥>을 개업했을 때의 에피소드였다.

오후 서너 시쯤, 남루한 차림의 초로의 남자가 들어와 구석자리를 잡고 앉았다. 국밥 한 그릇과 소주 한 병을 시키고는 모자를 푹 눌러썼다. 잠시 후 국밥이 세팅되자 남자는 소주 병부터 따더니 연거푸 몇 잔을 마셨다. 그리고는 천천히 국밥을 떠먹기 시작했다. 미처 서너 숟가락도 먹기 전에 소주 병이 바닥났다. 소주 한 병을 더 주문했다. 그리고는 국밥 서너 숟가락, 다시 소주 한 병, 국밥 서너 숟가락…. 국물까지 설거지하듯 말끔히 비우고 나서는 깍두기를 더 달라고 했다. 깍두기 한 종지를 놓고 또 소주 한 병, 그렇게 일곱 병의 소주를 마시고는 또 소주 한 병과 깍두기를 청했다. 서빙을 하던 여직원이 걱정스러운 표정으로 가만히 쳐다보자 남자는 모자를 더 깊게 눌러쓰며 말했다.

"그러면 소주만 한 병 더 주시든지…."

공짜로 주는 반찬만 축내는 게 미안했던지 남자의 목소리는 모기 소리보다 작았다. 여직원은 정말 달랑 소주 한 병만 갖다 줬다. 그러자 남자는 소주 병뚜껑을 비틀어 따더니 소주잔을 두 손으로 받치듯 쥐고 한 모금씩 천천히 마셨다.

나는 그 모습을 계속 지켜보고 있었다. 알코올 중독자가 분명해 보이지만 섣불리 나서서 그만 마시라고 만류를 하기도 그렇고, 계속해서 마시게 두는 것도 편치 않았다. 여덟 번째 소주가 반 병쯤 비자 남자는 안주를 청하는 대신 샐러드 소스를 젓가락 끝으로 찍어 먹기 시작했다. 보고 있기가 여간 민망한 게 아니었다. 나는 수육 몇 점과 야채를 들고 남자에게로 갔다. 어쨌거나 우리 집에 온 손님이 아닌가?

"손님, 술을 참 좋아하시는군요. 그렇지만 이렇게 많이 드시면 건강을 해치지 않겠습니까? 이제 남은 술만 드시고 오늘은 그만하시는 게 좋겠습니다. 우리 집 수육도 맛이 괜찮으니 안주로 하십시오."

남자는 나와 눈도 맞추지 못했다. 남자는 수육 접시와 술병을 핥듯이 비우고는 조용히 나갔다. 비틀거리며 남자가 나가고도 한참 동안 술 냄새가 진동을 했다.

다음 날 말끔하게 차려입은 젊은 남자가 나를 찾아왔다. 대뜸 명함을 내밀며 인사를 했다. 근처 구청의 공무원이었다. 이야기인즉 어제 왔던 알코올 중독자는 아버지인데 모 중학교 교장 선생님으로 정년퇴직을 했다고 한다. 퇴직을 했지만 아직 일을 놓기에는 이르다고 생각했고, 또한 앞으로의 생활을 대비하지 않을 수 없었다. 갖가지 일을 모색하던 중 우연찮게 주식에 손을 대면서 퇴직금을 다 날렸던 모양이다. 평생 학교 외에는 모르던 사람이 노후 자금을 몽땅 날리자 충격이 이만저만이 아니었던 것이다. 거기에 엎친 데 덮친 격으로 아내마저 심근경색으로 갑자기 저세상으로 보내고 말았다. 그때부터 시작된 알코올 의존도는 하루가 다르게 높아지고 지금은 손을 쓸 수 없을 지경에 이르렀다고 했다. 알고 보니 퇴직금을 건지려다 여기저기 돈을 끌어다 쓰면서 지금은 사채까지 떠안고 있어 아들도 속수무책이라고 했다.

이야기를 끝낸 젊은 남자는 부탁하자며 내 손을 잡았다.

"아버지가 아마 여기 또 오실 겁니다. 여기저기 다니면서 눈치 술을 마시다 보니 조금만 친절하게 대해줘도 찍자를 붙듯 단골이 됩니다. 식당 입장에서는 우리 아버지 같은 사람이 단골이 되는 게 반가울 리가 없겠지만, 다른 식당에서는 문전박대를 당하니 갈 곳도 없습니다. 부탁드립니다. 아버지가 다시 오시거든 딱 소주 두 병만 주십시오. 아무리 사정을 하더라도 더는 주지 말아주십시오."

나는 알겠다며 젊은 남자의 손을 슬그머니 놓았다. 그런 아버지를 보는 마음이 오죽할까 싶었다.

아니나 다를까 그날 오후 늦게 다시 초로의 남자가 조심스럽게 가게 문을 열고 들어왔다. 모자를 깊이 눌러쓰며 구석자리로 가서 앉더니 국밥 한 그릇과 소주 한 병을 주문했다. 나는 기다렸다는 듯이 직접 서빙을 했다.

"손님, 속은 괜찮으십니까? 이 국물이 속 푸는 데는 그만입니다."

국밥 그릇을 테이블에 놓으며 내가 너스레를 떨자 남자는 어쩔 줄을 몰라했다. 모자 속으로라도 들어갈 듯 모자만 깊이 눌러쓰며 표정을 숨기기 바빴다.

"손님, 저도 술 참 좋아합니다. 기쁘거나 슬프거나 외롭거나 술만 한 친구도 없지요. 그렇다고 그때마다 다 술로 풀 수야 없지 않겠습니까. 저도 술을 좋아하는 사람이라 드리는 말씀인데 앞으로 우리 집에 오시면 국밥 1인분과 소주 두 병은 무조건 공짜로 드리겠습니다. 대신 우리 집 말고 딴 집에서는 절대 술 안 드신다는 조건입니다."

남자는 몸 둘 바를 모르겠다는 듯 더욱 움츠렸다. 사실 나는 그다지 술을 좋아하는 편도 아니고 자주 마시지도 않지만 술꾼인 척이라도 해야 내 진심이 전해질 것 같았다. 이야기를 하면서도 자칫 남자의 자존심이라도 건드리게 될까 여간 조심스러운 게 아니었다.

"사장님, 이 동네에서 저는 딴 집을 가고 싶어도 못 갑니다."

남자의 목소리에 옅은 울음기가 섞였다. 참 안쓰러운 모습이었다. 평생 교직에서 후학을 가르치는 일을 해온 분이 어쩌다 이 지경이 되었는지 안타까운 마음이 들었다. 그날 남자는 국밥 한 그릇과 소주 두 병을 달게 먹고는 가게를 나섰다. 그 후부터 남자는 가게 주변도 청소하고, 쓰레기도 정리하면서 국밥과 소주를 먹고 갔다. 가끔 두 병째의 술병을 비우고 나면 간절한 눈빛으로 변하기도 하지만 두 병 이상의 술을 주는 일은 없었다. 그렇게 한다고 알코올 중독 증상이 하루아침에 사라지는 건 아니었겠지만 남자는 점점 차림새도 깨끗해지고 말소리도 또렷해지는 것이 호전의 기미가 보였다.

실장과 마주앉아 대화를 나누다보니, 밤이 꽤나 깊었다.

"사장님, 우리는 장사하는 사람들입니다. 파산을 하거나 알코올 중독이 되거나 그건 그 사람들 문제 아닙니까? 회수되는 무료 쿠폰도 아까운데 알코올 중독자에게 왜 공짜로 줍니까?"

실장은 여전히 볼멘소리였다.

"실장, 잘 들어봐요. 돈 안 되는 손님도 결국은 다 '돈'이 되는 게 식당이에요. 그 남자가 우리 집 단골이 된 뒤부터 점심시간에는 구청 직원들의 구내식당이 되다시피 한 것을 경험했잖아요. 그걸 바라고 한 일은 아니지만 그 집 아들이 구청에서 이 부서, 저 부서 다니면서 우리 식당 광고를 한 덕분인지 점심시간 테이블 회전율이 확 늡디다."

나는 실장에게 이렇게 덧붙였다. 누군가는 거액의 돈을 기부하기도 하고, 돈이 없으면 재능기부도 하는 데 있는 음식, 있는 시설 필요한 사람과 좀 나누는 것도 좋은 일 아니겠느냐고.

물론 쿠폰을 발행하는 것은 손님의 재방문을 유도하는 마케팅 방법 중의 하나다. 그러나 우리 가게에 와주는 손님이 반갑고 고마운 만큼 소주 한 병이라도 더 주고 싶은 마음을 담은 것이 쿠폰이기도 하다. 단지 장삿속이기만 하다면 공짜로 주는 마음이 아까울 수밖에 없다. 하지만 우리는 음식 장사다. 음식이란, 상품이기 이전에 인심이다. 나는 공짜로 주든 돈을 받고 팔든, 우리 집 음식을 맛나게 먹어주면 그저 고마울 따름이다.

20

사람을 남기려면 시대를 읽어라

식사의 즐거움을 무리한 다이어트로 인해 잊고 사는 사람이 많다. 맛있는 음식을 앞에 놓고 사랑하는 사람들과 함께 담소를 나누며 식사를 하는 것은 정말 즐거운 일이다. 사람과 사람 사이가 가까워지기 위해서는 뭐니 뭐니 해도 '밥정'을 나누어야 한다.

현대인들은 먹고사는 문제를 단순히 허기를 채우기 위한 방편이 아니라 하나의 문화로 인식하게 되었다. 그러다 보니 빈부의 격차에 따라 또는 세대의 차이에 따라 음식 문화가 각각 다른 양상으로 발전하고 있다. 음식 자체를 중히 여기는 문화냐, 혹은 음식을 둘러싼 의미를 중히 여기는 문화냐로 양극화되기도 한다. 즉, 음식은 배를 채우기 위해서만 먹는 것이 아니라 음식이 계층의 기호가 되고 사회적 표지로 작용하기도 한다는 것이다.

사람과 사람 사이가 가까워지기 위해서는 뭐니 뭐니 해도 '밥정'을 나누어야 한다. 그런데 살이 찌는 것이 두려워 먹는 일을 마치 죄가 되는 것처럼 회피하고 있으니 참 답답한 노릇이다.

황석영이 쓴 《밥도둑》이라는 책에는 이런 글이 쓰여 있다.

여운이 죽기 열흘 전쯤이었을까. 살 날이 며칠 남은 것 같지 않다는 그의 아내 전화를 받고 병원으로 달려가니 그는 초췌했지만 전과 다름없는 멀쩡한 얼굴로 누워 있다가 일어나 앉았다. 친구처럼 평생을 함께 해왔으니 우리는 서로 긴 말을 하지 않아도 속내를 알았다. 창으로 밝은 햇빛이 침대 위로 쏟아져 들어와 있었다. 그는 누우라는 내 말을 듣지 않고 꺼칠한 얼굴을 한 번 쓸어내리고는 피식 웃었다.

"형 덕분에 재밌게 살았어, 이렇게 끝날 줄 누가 알았나."

나는 여운에게 말했다.

"잘해줘서 고맙다, 고마워."

내가 조금은 쑥스러워하며 병원비나 보태라고 가져간 봉투를 베갯머리에 찔러 넣으니 그는 평소와는 달리 마다하지 않고 농담을 했다.

"우리 저거 들고나가서 이별주나 한 잔 할까?"

그가 죽은 뒤에 나는 친구들의 권유로 그의 묘비명을 썼다.

'발치의 풀꽃처럼

그대는 얼마나 곱고 쓸쓸했던가

인사동 모퉁이마다 주정 같은 네 목소리가

바람 곁에 떠도는구나.'

그를 떠나보낸 후로 나는 그와 함께 즐기던 음식들의 맛을 잃었다. 밥상에 바지락을 넣은 아욱 된장국이 올라올 때면 어쩐지 수저가 무겁다는 걸 느꼈다. 좀 잘해줄 걸. 나는 모든 맛을 잃어버렸다.

맛있는 음식에는 노동의 땀과, 나누어 먹는 즐거움의 활기, 오래 살던 땅, 죽을 때까지 언제나 함께하는 식구, 낯설고 이질적인 것과의 화해와 만남, 사랑하는 사람과 보낸 며칠, 그리고 가장 중요하게는 궁핍과 모자람이라는 조건이 들어 있으며, 그것이 맛의 기억을 최상으로 만든다. 그런 의미에서 나는 미식가나 식도락가를 '맛을 잃어버린' 사람으로 규정한다. 마치 진정한 사랑을 찾아서 끝없이 헤매는 돈 후안처럼 말이다.

무엇보다도 음식은 사람끼리의 관계이며, 시간에 얽힌 기억들의 촉매이다. 우리 시대는 이런 관계를 아낌없이 포기하며 살아가는 것은 아닌가.

우리의 어린 시절 또는 어려운 시절이었을 때의 음식 이야기는 세월이 지난 후에 더욱 정답고 깊어진다. 그것은 한 끼의 나눔이 가지고 있는 무한한 애정 때문이다. 그래서 우리는 외로울 때, 힘들 때, 아플 때, 슬플 때, 사랑하는 사람이나 정든 가족과 함께 나누었던 음식을 떠올리며 그리워한다.

맛의 기억을 더듬는 일은 관계의 소중함을 깨우쳐주며 고단한 일상을 견디게 해 주고 스스로를 위로해준다. 하지만 지금 우리나라에는 외모지상주의가 펼쳐져 있다. 다이어트는 여러 이유로 권장되고 있지만,

무작정 굶어야 살이 빠지고 아름다운 몸매를 만들 수 있다는 잘못된 인식이 현실이 되어버렸다.

건강을 위해서 다이어트를 하지 말라는 말도 아니고, 또 적당한 체형 유지는 건강을 위해서도 필요한 일이다. 다이어트는 적당한 영양을 공급하면서 알찬 계획표에 의해 꾸준하게 노력하는 것이 더욱 성공 확률이 높다.

심지어 일부 나라에서는 너무 깡마른 모델 퇴출 운동까지 일고 있다. 먹는 것은 단순히 살이 찐다는 의미가 아니다. 건강하게 먹고 건강하게 몸을 움직인다면, 사람의 수명은 늘고 삶은 원활해진다. 나아가 인간관계가 더욱 돈독해진다. 모처럼 모여 식사를 하는데 앞의 사람이 다이어트를 이유로 식사를 거의 안 한다면, 내심 불편할 수밖에 없다.

외모 능력주의 사회에서는 다른 능력이 아무리 출중해도 외모가 뒤떨어지면 본연의 능력을 제대로 평가받기 어려운 병폐가 있다. 선진사회는 인종, 피부색, 외모, 몸매와 같은 타고난 부분이 아닌 노력과 능력을 인정받고 칭찬받는 사회다. 우리의 현실은 외모로 사람의 능력을 평가하는 외모 집착증이 심화하고 있다. 이는 성형 공화국을 부추기는 현실로 자연스럽게 이어진다.

실제로 한국의 성형 상술은 나날이 진화 중이라고 한다. 최근 취업포털사이트 잡코리아 설문조사에 따르면 취업 9종 세트에 성형수술도 추가가 된다고 한다. 학벌, 학점, 토익, 어학연수, 자격증, 공모전 입상, 인턴 경력, 사회활동에 최근 성형수술이 새롭게 추가된 것이다. 취업준비생들이 외모=능력으로 인식하는 현실을 고스란히 드러내고 있는 대목인 셈이다.

물론 아름다운 외모를 추구하는 건 인간의 본능이자 인류의 오랜 습성이다. 하지만 한국의 외모 집착증은 다소 병적이다.

우리 민족은 한 끼를 나눠 먹으면서 서로를 돈독히 여기는 문화에서 성장했다. 찌개류가 많은 이유도 그렇다. 서로 옹기종기 모여 음식을 나눠 먹고 이야기를 나누며 서로를 알아가고 이해한다. 먹으면서 이야기하는 것은 인류가 가진 가장 보편적인 친화 방식이다.

다이어트나 성형 등에 가치가 정해지게 된다면, 그것은 결국 타인이 나를 바라보는 시선에 종속되는 것이다. 본연의 가치는 사라지고 보이는 가치만 남게 된다. 더욱이 건강마저도 위협받는다. 건강하게 먹고 건강하게 움직이는 것이 삶을 유지하는 가장 바른 습관임에도, 극단적인 절식이나 원푸드 다이어트, 과도한 운동 등으로 학대에 가까운 행위들을 우리는 주변에서 손쉽게 볼 수 있다.

이것들이 과연 내가 사랑하는 사람들과의 기억, 나눔, 공감을 희생할 만큼 대단한 것인가? 그리고 그런 외모가 평생 지속되기는 하는가?

아니다. 세월에 따라 우리는 늙고 변한다. 그 시간의 흐름에 자연스럽지 않은 것들은 도드라지고 결국은 외면받게 된다. 서양의 유명한 여배우들이 나이가 들어 성형 후유증이나 다이어트 후유증에 시달리는 것들은 경종을 울릴만하다.

타인에게 사랑받고 싶은 마음은 충분히 이해가 된다. 하지만 나를 벗어난 내가 과연 나인지를 고민해볼 필요가 있다. 내 외모로 인해 누군가의 관심을 받았다 하더라도 그것이 영원히 지속되지는 않는다. 그보다 더 기억에 남는 것은 같이 보냈던 시간, 상대에 대한 배려, 같이 나눴던 음식 등 더 복합적이다.

음식은 인류의 생존을 위해서 발전해 왔으며, 친화를 위해 풍성해졌다. 나 역시 정상적인 다이어트는 추천한다. 먹는 행위는 단순한 것이 아니다. 나와 타인을 연결하는 다리이며, 타인을 부르고 그를 알아가는 기회이다. 그런 기회를 포기한다는 것은 세상에서 홀로 살아가겠다는 선언이기도 하다. 이제부터는 즐겁게 먹고 담소한 뒤 운동을 하라.

살찐 사람들에 대한 편견을 버리지 않는 한 음식은 죄인이 될 수밖에 없다. 이러한 현상이 바뀌지 않은 한 사회 전체가 개인에게 다이어트를 강요하는 보이지 않는 폭력은 계속될 것이다. 음식을 먹으면서 즐거움 대신 죄의식을 느껴야 한다는 건 분명 잘못된 일이다. 살이 좀 찌더라도 맛있는 음식을 마음껏 먹으면서 살 것이냐, 다이어트의 강박에 갇혀 마른 몸을 유지할 것이냐는 어디까지나 개인이 결정할 문제인 것이다. 머지않아 짓가락처럼 마른 체형만이 미의 기준이 되지 않는 시대가 올 것이다. 마음껏 음식을 먹고 누리는 것이 얼마나 행복한 일인가를 인식하게 될 것이다.

3부

공부하는
장사꾼은
평 ── 생
성장한다

5장

차별화는
공부에서
나온다

21

길이 없을 때 책을 들어라

은연중에라도 성공한 사업가로서의 내 삶이 더 효용도가 높고 사회적 가치가 있다고 생각해온 나 자신을 돌아보게 되면서 얼마나 부끄러웠는지 모른다. 책을 통해 다른 사람의 삶과 지식, 지혜를 공유하게 되면서 비로소 나는 영혼의 허기를 면하게 된 것이다.

젊은 나이에 장사의 길로 접어든 나는 비교적 성공 가도를 달려왔다. 나로서도 신기할 만큼 손을 대는 아이템마다 만족스러운 결과를 창출했다. 노력도 많이 했지만 분명 운도 따랐을 것이다. 위기가 닥쳤을 때는 대체로 예측 가능한 변수들이 원인이었고 그때마다 예민하고 심도 있게 대처하면 적절한 방법을 찾아낼 수 있었기에 느닷없이 매출이 뚝 떨어지는 일은 없었다. 천재지변이나 예측불허의 국가정책으로 타격을 받지도 않은 걸 보면 적어도 운도 따라주었다고 생각한다.

그렇게 일사천리로 달려오는 동안 나는 조금씩 오만해졌다. 불과 서른의 나이에 두 달 수입이면 30평짜리 아파트 한 채씩을 살 수 있을 만큼 돈을 벌고 있었으니 무서울 게 없던 시절도 있었다. 때로는 너무 순조로워 불안하기도 했다. 그러나 자본주의 사회에서 자본을 축적하는 것만큼 가치를 인정받는 것은 없었고 그런 시간이 지속될수록 나는 오만해져 갔다.

그러나 모든 게 순조롭고 잘 돌아가고 있었음에도 불구하고, 순간순간 딱히 집어낼 수 없는 석연찮음이 자꾸만 내 뒤를 따라다녔다. 돌아보면 사업도, 가정도, 건강도 다 문제가 없었지만 내가 느끼는 공백은 점점 결핍으로 이어지고 있었다. 부족한 것도 없는데 완벽하지는 않은 이 느낌은 어디서 오는 걸까? 남이 보면 배부른 고민이었지만 내 딴에는 심각하기 짝이 없었다.

그때 내 손에 구원처럼 쥐어진 것이 책이었다. 어릴 때부터 책을 좋아했지만, 막 중년으로 접어들 무렵 본격적으로 읽기 시작한 책들이 내게는 구원이 되었다. 내게 있어 책이란 도덕이고 깨달음이고 진리였다. 사업은 일사천리로 뻗어 나가고 있었지만 갈수록 커져가던 영혼의 허기를 책으로 면할 수 있었다.

처음에는 닥치는 대로 읽었다. 소설도 읽고 철학서도 읽고 사회학 이론서도 읽고 자기계발서도 읽고 시도 읽었다. 책의 세계로 빨려 들어가기 시작하면서 활자와 활자 사이에 그렇게 방대한 세상이 숨어있었다는 게 신기하기만 했다. 활자로 드러나지 않는 행간에도 의미와 상징이 숨어있다는 것을 발견한 이후로는 더 책에 빠져들 수밖에 없었다. 책을 읽는 동안에는 몇 세기 전의 사람과도 대화가 가능했고, 한 번도 가보지 않은 낯선 곳에 발을 디뎌볼 수도 있었다. 복잡한 과정을 거쳐 사업 아이템 하나를 성공시켰을 때와는 또 다른 성취감이 책 속에 있었다.

그러나 독서를 하게 되면서 보이지 않던 많은 것들이 내 시야에 들어오다 보니 부작용도 없지 않았다. 현실적인 부(富)에 지적 허영이 더해지자 나는 더 오만해지기 시작한 것이다. 사람을 만나면 나도 모르게 현학적인 태도가 먼저 튀어나오고, 독서를 통해 얻은 단순한 지식을 마치 지성인 것처럼 과시하기도 했다. 그러면서 책 속에 길이 있는 거라고 호기롭게 외치며 더욱 어깨에 힘이 들어갔다.

하지만 본격적으로 책을 읽고 숱한 세상을 엿보고 다니면서 나는 달라졌다. 제일 먼저 롤렉스 시계부터 벗어던졌다. 내 손목에서 번쩍거리고 있는 그 물건이 어느 순간 그렇게 흉물스러울 수가 없었다. 정작 빛나는 것은 번쩍거리는 금딱지 따위가 아니라는 걸 한 번 깨닫고 나자 세상을 보는 안목이 달라졌다. '역지사지'의 의미도 깨닫고, 겸손이 왜 아름다운가도 알 수 있었으며, 진정한 소통이 무엇인지도 이해하게 된 것이다. 책을 읽을수록 나는 많은 게 부끄러워지기 시작했다. 식당에서 서빙을 하는 내 직원들의 고단한 인생에 진심으로 공감할 줄도 알았고, 오백 원 더 싼 식당을 찾아 발품을 파는 샐러리맨의 일상도 알 수 있게 되었다. 주위 사람에게 방해가 될 만큼 시끄럽게 떠드는 손님의 스트레스도 보이기 시작했고, 메인 요리만 빼고 사이드 요리를 서너 번씩 리필하는 얌체 손님의 마음도 어루만져주고 싶었다. 무엇보다 사람 자체가 얼마나 소중하고, 주어진 하루하루가 얼마나 귀한 것인지를 책이 가르쳐주었다. 은연중에 라도 성공한 사업가로서의 내 삶이 더 효용도가 높고 사회적 가치가 있다고 생각해온 나 자신을 돌아보게 되면서 얼마나 부끄러웠는지 모른다. 책을 통해 다른 사람의 삶과 지식, 지혜를 공유하게 되면서 비로소 나는 영혼의 허기를 면하게 된 것이다.

나는 대학에서 창업에 관한 강의를 하면서도 실무보다는 책을 추천하는 일에 더 중점을 둔다. 창업을 꿈꾼다면 먼저 사람을 알아야 한다. 사람을 알기 위해서는 사람 사이에 일어나는 일들을 알아야 하는데 그 모든 걸 다 직접 경험할 수 없으니 책을 통해 간접경험이라도 하라고 말한다. 특히 창업에 관한 실무 경험이나 노하우를 정리해놓은 책은 얼마나 많은가? 강의 시간에 직접 외식경영 노하우를 전해주는 것도 중요하지만, 그에 앞서 창업이 어떤 것인지 간접 경험을 통해 아는 것이 우선일 것이다. 그리고 단순한 지식을 입력한다 해서 다 수용되는 것도 아닐 바에는 창업 이전에 인성 교육이 우선이어야 한다는 게 내 생각이다. 학생들을 가르치면서 보람을 느낄 때는, 다른 책도 추천해달라는 피드백을 받았을 때다. 내 도움으로 창업에 도움이 되었다는 말보다 책을 읽고 싶어졌다고 말해주는 학생이 있을 때 나는 무엇보다 기쁘다. 워낙 영상 문화가 판을 치다 보니 젊은 친구들이 책을 읽지 않는다고 개탄하는 소리를 많이 들어 더욱 그런지도 모르겠다.

나는 가르치는 사람이기 이전에 아버지의 마음으로 대학생들에게 책을 권한다. 이제 막 독서를 시작하는 이들에게는 책 속의 내용 못지않게 책을 한 권 읽었다는 성취감도 중요하다. 그 안에 현실을 개척하려는 의지와 환경을 극복한 감동이 있을 때, 젊은이들은 자극을 받는다는 것을 나는 체험으로 알았다.

이유 없이 반항해왔던 사춘기를 돌아보며 그 '이유 같지 않은 이유'를 대면서 현실에 안주할 것인지, 의지를 키워 현실을 극복할 것인지 갈등하는 시기에 읽는 책만큼 소중한 게 또 있을까? 이럴 때 나는 인간미가 살아있고 따뜻함을 잃지 않는 사람들의 이야기를 읽으라고 권한다. 다른 사람의 삶과 인생을 공유하면서 따뜻함부터 배워야 미래가 따뜻하다.

창업을 꿈꾸기에 앞서 사람을 소중히 여길 줄 알아야 한다. 사람을 귀히 여기지 않는 사람은 적어도 외식 창업을 해서는 안 된다. 사람이 매 끼니 먹는 밥을 챙겨주는 일이란, '두당 얼마'의 계산으로 해서는 되는 일이 아니다. 두 달이면 아파트 한 채씩을 살 만큼 돈을 벌면서도 결핍감에 시달리던 내 모습을 돌이켜볼 때, 외식업자의 정체성은 분명 매출에서 오는 게 아닌 것이다. 우선은 우리 식당에서 맛나게 음식을 먹는 모습에 기뻐할 줄 알아야 한다. 그래야 외식 창업을 할 자격이 있고 외식업으로 성공할 수 있다고 자신 있게 말하고 싶다.

22

배움은 고객, 사장, 직원 모두를 행복하게 한다

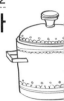

물리학자 같은 정확성과 외과의사 같은 예민함, 형사와 같은 예리함, 예술가 같은 감수성, 그리고 정치, 경제, 사회, 문화 전 분야에 걸친 풍부한 상식이 있어야 외식업을 제대로 할 수 있다. 식당을 개업하는데 이런 게 무슨 소용이냐고? 천만의 말씀, 공부하는 식당이 살아남는다는 걸 알아야 한다.

창업을 결심하면서 요식업종을 제일 많이 선호하는 이유는 무엇일까? 그것은 요식업은 진입장벽이 낮고, 업장 규모를 내 조건에 맞게 조절하는 것이 가능하기 때문일 것이다. 즉, 자본이 많으면 많은 대로, 소자본이면 소자본인 대로 당장 시작해볼 수 있는 업종이 요식업이다. 그러다 보니, 퇴직자나 이곳저곳 취업에 실패한 취업재수생들이 쉽게 접근하는 것 또한 요식업이다. 한마디로 식당이 제일 만만하다는 얘기다.

외식사업을 하기로 마음먹고 나면 주위에서 갖가지 조언들이 들리기 시작한다. 이런 메뉴를 개발하면 대박이 날 거라는 둥, 반드시 성공할 수밖에 없는 맛의 노하우를 전수해주겠다는 둥…. 전국적으로 성공했다는 맛집은 또 왜 그렇게 많은지, 그다지 특별할 것도 없는 발상 하나로 연일 문전성시를 이루는 식당을 보면 자신 또한 당장이라도 창업신화를 만들어낼 것만 같다.

하지만 현실은 전혀 그렇지가 않다. 그렇게 떠도는 이야기처럼 성공한 업소가 많다면 창업 몇 달 만에 슬그머니 간판이 바뀌는 식당이 97%를 넘는다는 통계가 나올 리가 있겠는가? 외식 창업의 노하우니, 성공의 비결이니 설(說)은 무성하지만, 식당이라는 게 얼마나 가변적이고 많은 변수를 지녔는지에 대한 사전 지식 없이 시작했다가는 평생 그 후유증을 떠안기 십상이다. 창업신화란 그만큼 위험한 것이다. 외식업을 시작하기 위해 무엇보다 먼저 알아야 할 것은 자기 자신이다.

과연 나는 장사에 적합한 성격과 능력을 갖추고 있는가? 외식업이 나의 적성에 맞는 일인가? 이 업종의 성취를 통해 나는 행복을 느낄 수 있는 사람인가?

꼼꼼히 따져보지 않고 달려들었다가는 창업의 실패뿐만 아니라 인생에서 실패하게 될지도 모른다. 현대인에게 있어 직업이란 단순히 돈을 버는 일을 넘어 정체성이자 자존감이고 때로는 신분이 되기도 한다.

성공하는 사람들에게는 공통점이 있다. 바로 열정과 신념이다. 하지만 열정과 신념만으로는 부족하다. 하다못해 아이들이 게임을 할 때도 나름의 열정과 신념은 필요한 법인데 창업을 하면서 무모한 열정과 신념만으로 성공을 기대한다는 건 어불성설이다. 당연히 열정과 신념을 바탕으로 하되 실력이 있어야 한다.

즉 장사꾼으로서의 DNA를 갖추는 건 기본이고 그에 맞는 능력을 겸비하기 위해 끊임없이 노력해야 하고, 그와 더불어 끝없는 공부를 통해 정확한 데이터와 시장성, 그리고 시대적 감각까지 확보해야 하는 것이다. 그렇게 준비와 각오를 하고 시작해도 살아남을까 말까 하는데 어설픈 상식과 창업신화에 의존해 외식업을 개업한다는 것은 참으로 치기 어린 생각이다. 누군가의 창업신화는 그의 신화일 뿐, 지금 내가 하려는 창업과 일치되는 부분은 그다지 많지 않다는 걸 알아야 한다.

그렇다면 입지, 맛, 가격, 인테리어, 아이디어, 서비스의 노하우 등 상식선에서 생각할 수 있는 것 외에 외식업에서 성공하려면 무엇을 겸비해야 할 것인가? 해답은 그렇게 간단하지가 않다.

순간순간 맞이하는 수많은 변수가 있다. 운영자가 배워야 할 것은 사실 무궁무진하다. 작게는 매장 운영에서부터 크게는 세상 돌아가는 것까지, 사람을 상대하는 직업이다 보니 많이 알고 또 많이 볼 줄 알아야 한다. '아는 만큼 보인다.'는 격언은 비단 외식업뿐만 아니다. 모든 사업가들이 새겨야 하는 문구다.

그렇다고 무작정 공부만 해서는 안 된다. 체득이 돼야 한다. 하나를 배워서 그 하나를 제대로 써먹는 것이, 100가지를 배워 머리만 채운 것보다 낫다. 특히 요식업계처럼 매일 현실 속에서 경쟁하는 업종은 배움과 체득이 합일화되어야 한다. 책으로 배운 것을 현장에서 다시 비교학습하고 그중에서 나에게 맞는 것을 찾아내야 한다. 이 과정이 어떤 사람은 이론과 실제상황이 좀처럼 접목되지 않아 많은 시행착오를 겪기도 하고 또 어떤 사람은 쉽게 자신의 꿈을 이루는 행운을 맞이하기도 한다.

즉, 다시 말해 같은 양의 공부라 하더라도 적용되는 것은 차이가 있다는 것이다. 더욱이 우리가 사는 세상은 하루가 다르게 변화하는 세상이다. 불과 20여 년 전에는 인터넷도 생소했다. 그런데 지금은 모두가 인터넷을 경험하고 더군다나 움직이는 컴퓨터 한 대씩을 손에 들고 다닌다. 앞으로 또 어떻게 변할지 섣불리 예측조차 힘들다.

그럼에도 불구하고 창업에서는 오히려 구태의연하다. 남이 좋다니까 솔깃하고, 이게 잘나간다니까 선택한다. 남이 좋았던 것은 그 사람에게만 좋았을 수 있고 잘나간 것은 때를 잘 만나서 일수도 있다. 좀 더 깊게 고민하고 보다 대중적인 결론이 나오지 않는 정보는 오히려 나에게 독이 될 뿐이다. 그런 것을 구별할 수 있는 것이 바로 지식과 경험의 조합인 것이다.

변수는 사업에서 날씨와 같은 것이다. 늘 맑은 날만 있는 것이 아니듯 언제 나타날지 모르는 변수는 항상 우리 곁에 도사리고 있다. 가장 좋은 것은 이러한 각종 변수를 남보다 한 발 앞서 읽는 것이지만, 구태의연하게 운이나 자신의 사회적인 인간관계 등에 기대를 걸고 막연한 성공을 기대한다는 것은 목적지도 없이 길을 떠난 나그네처럼 많은 것을 잃고 방황할 확률이 높다. 물론 앞으로의 상황을 예측하여 미리미리 변수에 대비한다는 것은 말 그대로 기업 운영의 대가들이나 가능한 일이다. 하지만 기업 운영의 대가가 아니더라도 최소한 변수가 발생했을 때 대처할 수 있는 대비는 항상 하고 있어야 한다. 그것을 위해서 공부를 해야 하는 것이다.

이 세상에 보장된 안정이란 그리 많지 않다. 아니 그런 것은 태어날

때부터 모든 것을 갖춘 특정 소수만이 가질 수 있는 것인지도 모른다. 그러므로 우리 같은 서민들이 사업을 시작하려면, 끊임없이 배우고 익혀야만 가능하다. 고춧가루가 몇 종류이고 같은 부위의 고기라 하더라도 어떤 계절에 더 맛이 나는지, 손님들이 내 음식의 어느 부분을 좋아하는지, 인테리어는 시대의 흐름을 타고 있는지 등 우리가 알아내야 할 것은 수만 가지고, 그에 따른 변수는 수억 가지다.

혹여 지금 당신은 불안하고 미비한 변수는 생각하지 않고 와전되고 부풀려진 유혹만 크게 느끼고 있는 게 아닌가 생각해보라는 말을 나는 창업컨설팅을 하며 빼놓지 않는다.

창업, 그중에서도 외식 창업은 성공의 변수보다 실패의 변수가 너무도 많다. 잘 되다가도 예기치 못한 이유로 손님의 발길이 뚝 끊기는 게 식당이고, 한번 돌아서 버린 발길을 되돌리기는 거의 불가능에 가깝다.

창업 정보의 홍수 시대, 막연하고도 무책임한 정보는 자칫 절박함에 몸부림치는 나에게 빠져나올 수 없는 족쇄가 될 수 있다.

그럼에도 불구하고 여기저기서 들려오는 달콤한 성공담에만 귀가 솔깃해진다면, 숱한 변수가 숨어있는 지뢰밭을 무방비로 걸어 들어가는 것과 다르지 않다는 걸 깨달아야 한다. 그 지뢰들을 피해가기 위해서는 장사꾼 DNA를 갖추고 있는지를 성찰해보고 충분히 검증되었다고 판단되면, 정확한 데이터와 시장성, 입지조건 및 사업장의 규모, 적절한 아이템, 접객의 노하우, 시기성, 유행 등의 변수를 살펴보아야 한다.

물리학자 같은 정확성과 외과의사 같은 예민함, 형사와 같은 예리함,

예술가 같은 감수성, 그리고 정치, 경제, 사회, 문화 전 분야에 걸친 풍부한 상식이 있어야 외식업을 제대로 할 수 있다. 식당을 개업하는데 이런 게 무슨 소용이냐고? 천만의 말씀, 공부하는 식당이 살아남는다는 걸 알아야 한다. 다시 한 번 강조하지만 창업을 꿈꾼다면 공부하라. 공부하는 사람만이 살아남는다!

23

국밥집도 CS가 필요해

손님이 갑질을 하려 든다 해서 업주가 을이 되어서는 안 된다. 다만, 그 손님이 진정으로 원하는 게 뭔지 관심을 기울이고 집중해서 파악하려는 노력은 해야 한다. 정말 짜서 짜다는 건지, 다른 불편이나 요구사항을 그렇게 표현하는 건지.

사람의 마음을 헤아리기는 정말 어렵다. 말하지 않아도 마음을 알아준다는 것은 인간관계에서 오랜 시간 정성이 필요한 것이다. 언제나 관심의 눈을 떼지 않아야 하고 고도로 집중하고 있어야 가능한 일이다. 이 관심과 집중을 나는 사랑이라고 해석한다. 사랑하기에 관심을 두는 것이고, 무엇이 불편한지, 필요한지 집중을 하게 되는 것이다. 그래서 나는 건강한 사랑을 하기 위해서는 소통의 능력부터 겸비해야 한다고 생각한다.

다시 한 번 강조하지만, 외식업을 하기 위해서는 소통의 능력이 남달라야 한다. 손님이 무엇을 원하는지 정확히 헤아려야 한다는 것이다. 음식이 싱겁다고 불평하는 손님이 있으면 소금을 갖다 줄 게 아니라 손님의 입맛이 자극에 길들여져 있다는 걸 알아야 한다. 음식의 간이란 단지 나트륨 함량의 문제가 아니라 다른 재료와의 조화에 의해 결정되기도 하고, 고유한 식습관에 의해 좌우되기도 하는 것인데, "싱겁다."라는 말만 듣고 소금을 갖다 준다면 손님의 마음을 헤아리려는 준비가 안 되어있다고 봐야 한다.

서비스라는 것도 그렇다. 무조건 더 준다고 손님이 감동하는 것은 아니다. 서비스에 대한 노하우가 필요하다. 상술을 위해 서비스를 제공하는 게 아니라 손님이 만족하는 모습을 보기 위해 서비스를 한다는 게 중요하다. 만족한 손님이 재방문한다는 차원에서는 비슷한 말이지만, 서비스는 주인의 친절과 정성을 느끼게 하는 데 목적이 있다. 손님은 서비스와 함께 마음을 받는 것이다. 결국, 손님의 마음을 헤아리기 위해서는 관심과 집중이 필요하다는 말이다.

서비스의 노하우는 일관성이다. 다음에도 같은 서비스를 해줄 수 없다면 처음부터 하지 말아야 한다. 손님의 기대치는 높여놓고 거기에 부응해주지 못한다면 손님으로서는 몹시 불쾌하고 실망스럽다. 주인이 기분에 따라 일관되지 못한 서비스를 제공할 때 손님은 불신을 느끼게 되고 그토록 간절히 원하는 재방문의 기회는 영영 사라지는 것이다.

그렇게 한 번 돌아선 손님은 빠른 전파력을 지닌다. 좋다는 소문도 삽시간에 퍼지지만 나쁘다는 소문은 더 빨리 퍼져나간다. 특히나 요즘 같은 네트워크 시대에는 두말할 필요가 없다. 인터넷이나 SNS의 위력을 경험해본 사람은 그 파괴력에 대하여 두려움을 느낀다. 안티 고객일수록 나쁜 입소문에 더 적극적이다. 때로 손님은 폭탄이 되기도 하는 것이다. 손님이 원하는 걸 어차피 다 해줄 수는 없다. 그래도 손님이 굳이 원하거나, 혹은 일회적이지만 꼭 해주고 싶은 서비스가 있을 때는 '이번만'이라는 단서를 붙여야 한다. 예를 들면 이렇다.

"메뉴 개발하면서 시식용으로 만든 건데 맛 한 번 보시겠습니까?"

"제 고향 집에서 오늘 아침에 뜯어온 야채, 한 번 드셔 보시겠어요?"

"우리 직원들 먹으려고 금방 만든 건데 따뜻할 때 한 번 드셔 보세요."

이때 손님은 특별한 대우를 받고 있다는 인상을 받게 된다. 단지 돈 주고 음식 사 먹으러 온 손님이 아니라 이 업소와 함께한다는 느낌, 업주의 관심과 정성, 그리고 인간미를 느끼게 되는 것이다.

특히 서비스란 손님에게 '갑질'할 기회를 주는 걸 의미하는 것이 아니다. 모든 일이 다 그렇지만 식당 역시 주관이 필요한 업종이다. 손님의 기호만 좇게 되면 단골이 없어진다. 그 집만의 맛과 노하우는 손님의 이러저러한 충고에 변하는 것이 아니어야 한다.

문제는 이런 주관적인 맛에 손님이 딴지를 걸 때다. 굳이 손님이 짜다면 짜다는 식으로 맛을 문제 삼는 손님에게는 끌려다니는 태도를 취해서는 안 된다. 진정한 서비스는 우리 집만의 고유한 맛과 특징을 친절하게 충분히 설명해주어야 한다. 손님이 갑질을 하려 든다 해서 업주가 을이 되어서는 안 된다. 다만, 그 손님이 진정으로 원하는 게 뭔지 관심을 기울이고 집중해서 파악하려는 노력은 해야 한다. 정말 짜서 자다는 건지, 다른 불편이나 요구사항을 그렇게 표현하는 건지.

　그리고 손님이 많을수록 서비스의 질을 잘 유지하는 것도 중요하다. 특히 단체 손님이 갑자기 밀려오면 종업원들도 우왕좌왕하기 쉽다. 붐비다 보면 음식도 서비스도 질이 떨어지기 쉽다. 정상적인 서비스를 할 수 없을 만큼 손님이 몰린다면 더는 손님을 받지 않는 게 좋다.

　<더도이 종가집> 사직점을 개업하던 날, 밀려드는 손님들을 감당할 수 없어 손님을 돌려보내야 하는 일이 있었다. 끝없이 들어오는 손님을 보고 있자니 그저 감사했지만, 식사를 하고 있는 손님들을 불편하게 해서는 안 되겠다는 생각이 들었다. 문 앞에 서서 정중히 사과하며 손님들을 돌려보내는 것이 이미 온 손님에 대한 예의라고 판단했다. 그냥 돌아가는 손님들에게 무료 쿠폰을 나누어주며 양해를 구하기는 했지만, 진심으로 죄송했다. 그러나 서비스의 질을 유지하지 못할 바에는 오히려 손님을 받지 않는 게 때로는 더 큰 서비스가 되기도 한다. 두 번 이

상 온 손님이라면 주문 패턴과 특성을 파악해두는 것도 좋다.

"오늘도 국밥 드시겠습니까?"

"지난번처럼 약간 매운맛으로 해드릴까요?"

식당에서 나를 기억해주는 것만큼 호감도를 높이는 것도 없다. 요컨대 관심과 집중이다. 남녀가 연애할 때도 사소한 변화나 기분을 알아채주고 적절하게 반응해주는 것이 중요하듯이 손님과의 커뮤니케이션도 관심과 집중이 키포인트다.

식당에서 양질의 서비스를 한다는 것은 무조건 손님의 요구를 다 들어주는 것도 아니고 많이 퍼주기만 하는 것도 아니다. 핵심은 손님에게 정말 필요한 것이 무엇인지를 파악하는 능력이다. 즉, 서비스란 소통에서부터 출발해야 한다. 늘 손님에게 관심을 두고 있고 집중하는 바로 거기에 진정한 서비스가 존재한다. 이것이 서비스에 대한 나의 철학이다.

24

공부로 얻은 마더 마케팅

나는 나를 만나는 모든 사람이 행복했으면 좋겠다. 우리 집에서 일하는 종업원들도 행복했으면 좋겠고, 우리 집에 오는 손님도 다 행복했으면 좋겠다. 식자재를 납품하는 업체의 사람들도 행복했으면 좋겠고, 우리 집 앞을 지나가는 행인들도 행복하면 참 좋겠다. 물론 그러기 위해서는 제일 먼저 내가 행복해야 한다.

어느 책에선가 행복이란 스스로 가치를 두는 것을 이루는 것이라고 정의해 놓은 글을 읽은 적이 있다. 나 역시 스스로 가치 있게 여기는 것을 이루는 과정에서 행복을 느낀다. 그것이 만족스러운 결과로 귀결될 때도 있지만 그렇지 못하다 해서 꼭 불행하지는 않다. 중요한 건 열심히 하고 있는 과정이기 때문이다. 나는 정말 열심히 노력한다면 결과는 배신하지 않는다고 믿고 싶다.

물론 노력 자체가 주는 행복만으로 만족하지 못하는 경우도 많다. 열심히 노력했는데 시험에서 떨어지거나, 죽으라고 연습했는데 상대에게 무참히 져버렸을 경우 등 노력이 허사가 됐을 때의 충격과 허탈함 역시 상당하다. 하지만 인생이 그렇다. 사실 처음부터 노력하지 않는 사람은 드물다. 무언가를 시작했을 때의 의지를 바탕으로 많은 이들은 자신에게 채찍질을 가한다. 하지만 그럼에도 우리네 인생길에는 실패하는 경우가 훨씬 더 많다.

"노력했는데도 왜 성공을 못 했어? 네 노력이 부족한 것이 아니야?"라는 냉정한 평가가 좌절하게 만들고 그렇게 좌절하고 벽에 부딪히면서 스스로 포기하게 되는 경우도 있다. 솔직히 노력이라는 개념이 어디서부터이고 어디까지 필요한지는 나도 잘 모른다.

다만 나의 노력은 늘 결과를 내기 위해 시작됐고 그 지루한 과정을 결과를 위해 달려왔다. 그렇게 해서 좋은 결과를 얻었을 때 노력의 보상을 받는 느낌이었다. 그러나 그렇지 못했을 경우도 많았다. 그럴 때마다 절망했다면 나는 일어나지 못했을 것이다. 진정한 노력이란 결과를 내기 위해 달려왔는데도 그것을 내지 못했을 때부터 시작한다.

허탈하고 분노스러운 마음 한편에 아직 해보지 않은 것들을 다시 떠올리고 거기에 집중하면 무언가를 발견하게 된다. 내가 빼놓고 온 과정, 혹은 작은 실수가 불러온 결과의 변동 등이다. 그런 미지의 것들이 다시 하나둘 발견되고 처음부터 반복한다.

이런 일련의 행위들이 쌓이면서 나는 또 도전에 대한 의지를 불태운다. 다시 말해 노력했다고 고개를 끄덕이며 자신을 위안하는 것은 결과를 위해 내가 가진 모든 카드를 다 썼을 때 비로소 가능하다. 만약 결과를 내지 못한 이유가 한 가지라도 존재한다면 처음으로 기꺼이 돌아가야 한다. 그래서 다시 출발해야 한다. 후회가 없어야 행복이 오기 때문이다.

덧붙여 아무리 과학이 발달하고 산업이 고도성장을 해도 인간이 먹어야 한다는 사실은 변함이 없다. 기본적으로 인간은 먹거리를 떠나서는 삶의 질을 높일 수는 없다. 즉, 먹는다는 것은 행복과 직결되는 요소라고 할 수 있다. 어쩌면 그래서 나는 외식업을 시작했는지도 모르겠다. 내가 만나는 모든 사람들이 행복했으면 좋겠다는 마음이 나를 자연스럽게 음식 만드는 일로 이끌어 간 것 같다.

나는 내가 먹을 때도 참 행복하지만, 내가 만든 음식을 맛나게 먹어주는 사람을 볼 때가 정말 행복하다. 그리고 또 내 음식의 맛을 잊지 못해 찾아오는 사람으로 인해 느낄 수 있는 행복감은 이루 말할 수가 없다. 그래서 언제나 나와 내 가족이 먹는 음식이라는 마음으로 음식을 만들어 차려낸다. 한번 먹고 나면 그만인 게 아니라 두고두고 생각이 나는 음식을 만들고 싶어서 인공 조미료 대신 천연재료로 맛을 낸다.

틈만 나면 연구실에서 맛과 영양을 연구하는 것도 마찬가지 이유 때문이다. 나는 내가 만든 음식이 사람들을 행복하게 해주었으면 정말 좋겠다. 내가 거창한 인류애를 가진 것도 아니고, 특별한 일을 해서 세계에 공헌한 것도 없지만 나를 포함해 내가 아는 모든 사람들이 행복하기를 바라는 마음은 누구보다 강하다.

그러다 보니 조금이라도 더 주고 싶고 어떻게든 친절하고 편안하게 해주고 싶은 마음이 자연스럽게 '마더 마케팅'으로 연결되었는지도 모르겠다. 나는 늘 어머니가 자식에게 상을 차려주는 마음으로 일한다. 이만하면 장사도 잘되고 돈도 벌었지만 내가 잠시라도 연구를 게을리하지 않는 것도 이 때문이다.

마더 마케팅은 대단한 것이 아니다. 예를 들어 손을 씻지 않아 질병에 걸려 죽어가던 남아프리카의 아이들이 일제히 손을 씻게 한 비결이 바로 마더 마케팅이다. 남아프리카는 물이 부족한 나라다. 비누도 거의 사용하지 않는다. 아이들은 어렸을 때부터 손을 씻는 법을 배우지 못했고 익숙하지도 않았다.

그런데 손을 씻지 않으니 장티푸스, 폐렴, 콜레라에 쉽게 걸려 아이들이 사망한다. 이것은 손만 제대로 잘 씻어도 충분히 예방할 수 있는 병이다. 그럼에도 불구하고 남아프리카의 가난한 아이들은 그냥 무작정 손을 씻기 싫어했다. 익숙하지 않았고 물을 구하기도 힘들기 때문이다.

그런데 어느 날부터 갑자기 아이들이 즐겁게 손을 씻기 시작했다. 어떠한 강압적인 요구나 경고가 없었는데도 말이다. 이유는 간단했다.

남아프리카의 비영리단체가 아이들의 생명을 살리기 위해 만든 비누, 'HOPE SOAP' 속에는 아이들이 좋아하는 예쁜 장난감이 들어있었기에 아이들은 장난감을 갖기 위해 너나 할 것 없이 손을 씻기 시작한 것이다. 그 덕분에 질병 발생이 70%, 호흡계 질환도 75%나 줄어들었다.

엄마의 마음으로 동심을 헤아린 섬세하고 자상한 아이디어 하나가 아이들을 위기에서 구출해낸 것이다. 마더 마케팅이란 '엄마가 가족을 사랑하는 고운 마음'에서 비롯된 마케팅이다. 물론 나에게는 남아프리카 사례처럼 세상을 바꿀만한 힘은 없다. 하지만 가족들에게 식탁 풍경을 돌려주는 데에는 발 벗고 나서고 싶다. 집안의 식탁까지 내가 관여할 수는 없으니 식당에서라도 가족들이 단란하게 식사를 할 수 있도록 만들고 싶은 것이다.

그리고 어머니가 가족들에게 식탁을 차려주는 마음으로 손님들을 대한다는 걸 알아줄 때 진정 행복하다. 이런 내 마음을 알아주는 손님들이 우리 매장에 찾아주는 것도 중요하지만 집집마다 식탁에 둘러앉아 이야기꽃을 피우는 모습으로 연결되면 정말 좋겠다.

25
편집으로 경영해라

외식업을 하는 사람으로서 늘 안전하게 손님을 확보하는 방법을 강구하지 않을 수 없다. 이때 답이 되는 것은 바로 편집이다. 즉, 손님이 몰리는 집을 유심히 관찰하고 손님이 끌리는 포인트를 찾아내 적절히 변용해서 적용하면 된다. 벤치마케팅을 하라는 것이다.

인간이 살아가면서 가장 빈번히 부딪히는 것 중의 하나는 먹는 문제일 것이다. 그러나 '먹는다.'는 것이 끼니를 채웠다는 개념을 넘어 하나의 즐거움을 추구하는 문화로 자리를 잡은 지 오래다. 눈으로도 즐겁고 입으로도 만족해야 하고 다른 사람에게 자랑하는 즐거움도 있어야 하는 게 요즈음의 외식문화다. 원하는 메뉴나 분위기의 외식 업소를 찾기 위해 먼 길을 마다하지 않고 찾아다니는 게 자연스러워진 시대, 이제 웬만하면 하루 한 끼 정도는 외식을 한다. 직장인들은 물론이고, 주부든 학생이든 식사 약속을 하는 게 일상이 되었다.

하나의 상품으로서의 음식은 단지 영양 성분이나 에너지원으로 존재하는 것이 아니라 음식을 둘러싼 문화적 가치로 평가된다. 그러한 가치들은 음식을 상품으로 인식하게 하면서 음식을 구매하고 소비하는 행위를 통해 스스로의 사회적인 위치와 인간관계 등을 확인한다. 음식의 선택은 생활의 각 요소가 함축된 문화의 집결지가 됨으로써, 어떤 식당에 가서 어떤 메뉴를 시키고 얼마를 지불하느냐에 따라 계층이 구분되고 취향이 드러나며 정체성까지 결정되는 것이다.

이러한 외식환경에서도 주목해야 할 것은 인간은 보편적으로 하루 삼시 세끼를 먹는다는 것이다. 인간을 둘러싼 그 어떤 상품보다 음식이 차지하는 비중이 높으며 외식의 비율은 더욱 높아지고 있다. 우리나라 외식업 규모는 70조 원에 달한다. 모든 업종 중 폐업률이 가장 높으면서도 창업률은 더 높은 이유가 여기 있다. 일상에서 가장 많이 소비되는 게 외식상품이라는 것이다. 요즘 거리에 나가보면 탄성이 저절로 나온다. 그렇게 많은 식당에서 그렇게 많은 음식을 만들고 있는데도 점심시간마다 정작 뭘 먹을까가 고민이라는 직장인들 또한 적지 않으니 이런 아이러니가 또 있을까 싶다.

하지만 아무리 식당들이 밀집해 있어도 손님이 몰리는 식당은 반드시 있다는 것이다. 줄을 서는 집에만 꼭 줄을 서는 이유는 간단하다. 바로 그 집에 손님이 원하는 게 있기 때문이다.

외식 창업을 위해 상권을 분석하고 싶다면 몇 가지 참고할 것들이 있다.

첫째, 줄을 서서 식사 순서를 기다려야 할 정도로 성업 중인 요식업소를 관찰해 볼 필요가 있다. 우선, 가격이 싼 집에 손님이 몰린다. 물론 가격 대비 맛이 괜찮다면 금상첨화지만, 상식보다 쌀 경우 손님은 맛에 대한 기대가 크게 없다고 봐야 한다.

둘째, 당연한 얘기지만 맛있는 집에 몰린다. 이때는 가격이나 분위기, 입지 등의 조건을 무시할 만큼 맛에 자신이 있어야 한다. 같은 메뉴의 다른 집보다 월등히 맛이 있다면 식당으로서는 최선일 것이다.

그러나 맛이라는 게 워낙 주관적이다 보니 가격처럼 수치화할 수도 없고 단순비교의 개념으로 접근할 수도 없다. 대중적이고 무난하면 대체로 "맛있다."는 평가를 받겠지만, 그것만으로 손님이 줄을 설 만큼의 경쟁력을 확보하기는 힘들다. 맛집으로 소문난 식당을 물어물어 찾아갔는데 실망만 잔뜩 안고 왔다는 이야기가 심심찮게 들리는 것도 맛에 대한 이런 주관 때문이다. 사람의 입맛이란 다 다르고, 맛이라는 게 유행따라 변하기도 하는 것이기에 '맛' 하나만으로 승부를 걸기에는 위험변수가 너무 많다. 즉, 맛을 느끼는 것은 인테리어나 소품, 음악, 조명을 비롯해 종업원의 태도까지 다양한 측면이 작용한다는 것이다. 맛과 더불어 '맛있는 분위기'를 만들어야 롱런할 수 있다.

셋째, 손님은 독특한 분위기에 끌리기도 한다. 때로 식당의 분위기는 다른 모든 조건보다 우선시 되기도 한다. 예를 들자면, 프러포즈나 기념일 등의 이벤트를 기획하고 있는 경우라면 가격이나 맛보다 분위기를 먼저 따질 수 있다. 메뉴와 입지에 걸맞은 분위기를 연출하는 건 외식업에서 중요한 경쟁력이다. 앞에서 언급했듯이 이제 음식은 단순히 식욕을 해결하기 위한 수단이 아니라 생활의 모든 요소가 함축된 문화이기 때문이다. 인테리어에 공을 들이는 이유이기도 하다. 특히 SNS의 발달은 다른 곳과 차별되는 독특한 공간을 체험하려는 욕구를 자극하게 되고 이런 감성적인 소비패턴을 가진 인구는 폭발적으로 늘고 있다.

넷째, 입지 자체가 손님을 부르기도 한다. 관공서 주변이나 번화가에서는 웬만하면 장사가 잘된다. 특히 한꺼번에 사람이 쏟아져 나오는 점심 시간대라면 맛이나 가격, 분위기를 따질 겨를도 없이 가까운 곳을 찾는 것이 일반적이다. 이러한 입지조건을 갖춘 요식업소는 회전율을 염두에 둔 인테리어가 효과적이다. 그러나 문제는 이런 곳에 자리를 잡기 위해서는 막대한 초기 투자금이 들어가야 한다는 것인데, 입지가 좋으면 손님이 드는 건 사실이지만, 투자 대비 수익을 생각한다면 위치만으로 승부를 걸 수는 없는 일이다. 그리고 식당을 운영하며 한 시도 잊지 말아야 할 것은 식당은 음식으로 승부해야 하는 곳이라는 것을 명심해야 한다.

손님이 줄을 서는 이유는 각 요식업소마다 분명 있겠지만 그렇다고 그것이 정답은 아니다. 오늘 한 번 줄을 섰다고 내일도 줄을 선다고 보장할 수도 없다. 손님의 선택이란 기분과 필요에 따라 기준이 달라지는 것이다. 그렇다면 외식업을 하는 사람으로서 늘 안전하게 손님을 확보하는 방법을 강구하지 않을 수 없다. 이때 답이 되는 것은 바로 편집력이다. 즉, 손님이 몰리는 집을 유심히 관찰하고 손님이 끌리는 포인트를 찾아내 적절히 변용해서 적용하는 것이다. 벤치마케팅을 하라는 것이다.

나는 한 달에 한 번은 꼭 직원들과 함께 '맛집 기행'을 간다. 외식업계에서 소문난 업소를 찾아가 손님의 사랑을 받는 포인트를 파악하고

우리 매장에 접목하기 위해서다. 혼자 가지 않고 직원들과 함께 가는 까닭은 지나치게 내 관점이 개입되지는 않을까 하는 염려도 있지만, 직원들이 직접 체험을 해야 생생한 교육이 되기 때문이다. 사소한 요소 하나가 현장에서는 어떻게 작용하는지 눈으로 보고 피부로 느낄 때, 비로소 '내 것'이 된다. 창조를 위한 벤치마케팅을 위해 직원들 스스로 편집해서 활용해보라는 것이다. 물론 손님의 관심을 받는 요소는 상황에 따라 다르다. 지역적인 특성도 무시할 수 없다. 그러나 중요한 건 끝없이 벤치마케팅을 하려는 자세이고, 편집의 기술이다. 맛으로 소문난 집을 찾아갔지만, 그 집의 다른 면을 차용해 편집하고 응용할 수도 있다.

'하늘 아래 새로운 것은 없다.'라는 말이 있다. 천지창조 이래 인류는 지금까지 지금보다 조금 더 효율적이고 편리한 방향으로 벤치마킹되어 왔다. 고풍스러운 분위기를 체험하기 위해 간 곳에서 뜻밖에도 종업원의 유니폼이 눈에 들어올 수도 있고, 매운맛의 노하우가 궁금해서 찾아갔는데 의외로 독특한 식기에 매료되기도 한다. 그러니 직접 현장을 찾아가고 응용의 능력을 기르라는 것이다. 새로운 메뉴를 개발하기보다는 이곳저곳으로부터 맛의 포인트를 찾아내 적절히 응용한 메뉴를 만들어야 한다. 하늘 아래 더 이상 새로운 게 없다는 말은 예술가들의 전유물이 아닌 것 같다.

세상은 넓고 식당은 많다. 스티브 잡스의 말을 빌리자면, '현대인의 능력 중 가장 위대한 것 중의 하나인 편집 능력'을 발휘할 때다. 이제 외식업에서도 새로운 걸 만들어내는 것도 중요하지만, 편집의 기술을 활용해야 한다.

최근 나는 '시대를 읽어 식탁에 올리다.'라는 광고 카피가 눈에 쏙 들어왔다. 음식을 문화적 총체라고 인식하는 나로서는 어떻게 하면 건전하고 건강한 외식문화를 정착시킬까를 고민하지 않을 수 없는데, 이런 문구를 발견하게 되면 바로 편집의 방법부터 찾게 된다. 무엇보다 시대의 흐름과 의식에 민감한 업종이 식당인 만큼 내가 속한 사회와 시대를 빠르게 읽어내고 그것을 우리 매장에 적용하고 싶어서이다. 나는 '시대'를 읽기 위해 고심하고 그것을 편집해 '식탁'에 올리기 위한 노력을 게을리하지 않을 것이다.

6장

배움
속에서
성공을
녹인다

감성을 파는 국밥집

시대가 변하면 의식도 변하고 생활패턴도 달라진다. 과자 한 봉지를 사더라도 감성이 작용하고 신발 한 켤레도 이야기의 주인공이 되는 마음으로 구입하여 신는 시대다. 이에 발맞추어 식당도 변화하지 않으면 안 된다. 소비자의 감성을 무시하는 식당은 앞으로 살아남기 힘들다. 맛과 가격 못지않게 감성적 요소가 중요한 자리를 차지하고 있다는 걸 인식해야 한다.

요즈음 스토리텔링이 대세다. 단순한 이미지만으로 구매를 하는 것이 아니라 상품에 담겨있는 스토리까지 구매하는 게 요즈음의 소비자다. 이른바 OSMU(one source multi use)의 시대다. 한 가지 원천이 다방면으로 활용된다. 원작 소설이 판매 부수를 늘이면 곧바로 영화가 만들어지고 곧이어 테마파크가 들어서면서 연일 황금알을 낳게 된다.

그뿐인가? 원작의 캐릭터 개런티는 상상을 초월한다. 해리포터 시리즈를 비롯해, 반지의 제왕, 어벤저스, 그리고 뽀로로에 이르기까지 이러한 예는 무수히 많다. 하나의 '소스'만 잘 개발해놓으면 얼마든지 '멀티'하게 활용이 가능해졌다. 바로 스토리텔링 덕분이다. 소비자들은 필요에 의해서 상품을 구매하기도 하지만 상품에 담겨있는 이야기를 공유하고 싶은 마음에 구매를 하게 되는 것이다. 즉, 스토리텔링을 활용해 감성을 자극함으로써 그 상품에 담긴 스토리를 공유하기 위해 개런티를 지불하는 게 요즈음의 소비행태인 것이다.

식당도 예외는 아니다. 음식의 맛이나 가격도 중요하지만, 그 음식을 둘러싼 이야기가 필요하다. 상품에 담긴 스토리를 자신에게 대비하여 대리 만족하려는 경향이 있다. 즉, 누구나 이야기의 주인공이 되고 싶어 하는 심리가 구매로 연결된다. 이제 식당도 재미 요소로 손님의 감성을 자극하는 시점인 것이다. 요리사가 만들어주는 음식을 수동적으로 먹기만 하는 시대는 지났다. 그 식당만의 독특한 퍼포먼스를 즐기면서 주인공이 되고 싶어 한다. 현대에서 스토리텔링 마케팅은 다양하다.

그 예로 뉴발란스의 창업자 이야기도 꽤 알려져 있다. 뉴발란스 창업자가 어느 날 마당에 앉아 공상하던 중 앞마당을 지나가던 닭을 보고 균형 잡는 법에 대해 고심한 끝에 뉴발란스라는 브랜드를 창조해냈다고 한다. 물론 이것이 사실인지는 알 수가 없지만 이렇게 브랜드에 살을 입힘으로써 우리는 뉴발란스가 균형과 관련이 있다는 것을 무의식 중에 입력하게 된다.

스토리텔링 마케팅의 사전적 정의는 브랜드의 특성과 잘 어울리는 이야기를 만들어 소비자의 마음을 움직이는 감성 마케팅의 일종이라고 기술되어 있다. 브랜드 자체의 히스토리나 소비자의 경험담, 직접 스토리를 만드는 방법 등이 바로 그것이다.

현재 우리가 사는 세상을 한마디로 표현하면 나는 스마트폰 세상이

다라고 말한다.

회사 점심시간이건, 친구들끼리 여럿이 모인 자리건, 상호 간의 대화가 눈에 띄게 줄어들고 있는 것은 바로 스마트폰 때문이다. 메신저나 SNS를 통한 커뮤니케이션이 늘어나면서 직접적인 소통의 기회가 많이 줄어들고 있기에 외식업계나 식음료업계는 글로서 자신들을 표현하는 감성 마케팅인 스토리텔링에 집중한다.

가볍게 마음을 전할 수 있는 메시지가 담긴 패키지부터 이야기가 담긴 콘셉트형 제품 등 주위 사람들과 함께 대화를 나눌 수 있도록 하는 데까지 스토리텔링은 우리 주변에 너무 익숙하게 다가와 있다. 이 중에서도 메시지 패키지는 스토리텔링 마케팅의 대표적인 유형이다. 메시지 패키지는 제품 포장에 재치 있거나 감성적인 메시지를 담아낸 패키지다. 제품을 주고받는 과정에서 다양한 스토리가 만들어질 수 있는 것이 특징이다.

코카콜라는 SNS의 발달로 소통의 기회는 증가했지만 얼굴을 마주하는 대화를 어색해하는 젊은 세대들의 소통 트렌드에 따라 제품명(로고) 대신 주위 사람들에게 마음을 전할 수 있도록 메시지를 제품 라벨에 이모티콘 스토리텔링 패키지를 2014년 처음으로 선보였다.

당시 코카콜라 이모티콘 에디션은 <짜릿한 시작> <내 맘을 받아줘> <너 심쿵해> <수고했어> 등 위트 있게 마음을 표현할 수 있는 39가지의 메시지와 함께 메시지에 어울리는 표정을 짓고 있는 카카오프렌즈 캐릭터가 새겨져 있었다. 즉, 패키지 자체를 보여주는 것만으로도 센스 있게 자신의 감정을 표현할 수 있도록 한 것이다.

빙그레는 바나나맛 우유 제품에 기존 제품명 대신 'ㅏ ㅏ ㅏ맛 우유'라는 문구를 담은 '채워 바나나 우유'를 선보였다. 'ㅏ ㅏ ㅏ'라고 된 부분에 소비자들이 직접 글씨를 새겨 나만의 메시지 패키지를 만들 수 있도록 고안한 이벤트 제품이다. 제품 패키지 안에 사람들과 대화를 할 수 있는 이야깃거리를 담아낸 제품도 있다.

전통주 생산 회사 배상면주가 산사춘 제품 출시 20년을 기념해 출시한 '2016 리뉴얼 산사춘'의 이중 스티커 라벨에는 소비자들이 술자리에서 소소하게 공감하며 이야기를 나눌 수 있는 20여 가지의 이야기가 담겨있다. 산사춘이 전하는 '여유'라는 가치를 라벨에 담아내 일반 대중들이 자신의 이야기를 하는 듯한 공감을 불러일으켰다.

어디 이뿐인가. 직접적인 메시지가 담겨있지는 않지만, 옛날 제품을 새롭게 재현해 중장년층에겐 추억을 선사하고 젊은 세대에게는 호기심을 자극해 자연스럽게 이야기를 나눌 수 있도록 하는 복고풍 제품도 있다.

CJ푸드빌의 뚜레쥬르에서는 지난해부터 '추억의 스토리'를 담은 빵을 선보이고 있다. '임금님도 즐겨 먹던 개성도나쓰'(이하 개성도나쓰) '엄마랑 장 볼 때 먹던 그때 그 도나쓰'(이하 그때 그 도나쓰) '7080 소시지 도나쓰' '추억의 감자 고로케' 등이 그것이다. 개성도나쓰는 귀한 손님에게만 내주던 개성 지방의 전통 떡 '개성주악'을 모티브로 한 제품이다.

세븐일레븐은 롯데푸드, 빙그레와 협업을 통해 장수 인기 아이스크림인 '빠삐코'와 '비비빅', '더위사냥'의 맛과 포장지 그대로 우유로 만든 '아이스크림 라테 삼총사'를 출시했다. 1975년 출시된 비비빅, 1981년 출시된 빠삐코, 1989년 출시된 더위사냥은 출시 이후 매출 상위권을 지키고 있는 장수 인기 제품들이다.

　나 역시 이런 스토리마케팅에 착안해 <더도이 참족>에서는 손님이 직접 주먹밥을 만들 수 있도록 재료와 함께 1회용 비닐장갑을 제공한다. 비닐장갑을 끼고 재료를 섞어 직접 주먹밥을 만드는 동안 화젯거리가 생겨서 좋다거나, 경직된 분위기가 풀어지기도 한다는 평을 듣는다. 사소한 다툼이 자칫 큰 싸움으로 번질 뻔했는데 주먹밥을 같이 만들면서 화가 풀리더라는 이야기를 해주는 손님도 있었다.
　외식업을 하면서 이렇게 예상이 적중될 때 느끼는 희열은 말로 표현할 수 없을 만큼 기쁘다. 그리고 이러한 감성을 자극하는 이벤트는 입소문을 타고 바이럴 효과를 충분히 창출하고 있다.

최근에 오픈한 <더도이 식품>의 삼겹살 전문점 <돈포겟>에는 이러한 고객의 스토리를 위하여 포토존을 마련해두었다. 식사하러 온 손님들이 이야기를 만들어가고 그것을 사진으로도 남기게 하자는 게 나의 의도다. 이렇게 찍힌 사진들이 여기저기로 퍼지면서 입소문을 내준다면 이보다 더 효과적인 홍보 방법도 없을 것이다.

식당에서 음식만이 아니라 재미를 추구한다는 게 아직은 자칫 생소할지는 모르겠지만 명심해야 할 것은 시대가 변하면 의식도 변하고 생활패턴도 달라진다는 것이다. 식당도 달라지지 않으면 안 된다. 소비자의 감성을 무시하는 식당은 앞으로 살아남기 힘들다. 맛과 가격 못지않게 감성적 요소가 중요한 자리를 차지해가고 있다는 걸 인식해야만 한다.

내 욕심 같아서는 내가 운영하는 식당에서 주기적으로 플래시몹을 시도해 재미와 감동을 주고 싶지만 좀 더 연구하여 고객의 만족을 최대한 올리기 위하여 준비하고 있다. 머지않아 <더도이 식품>에서 운영하는 매장에 가면 이야기의 주인공이 될 수 있다는 것이 또 하나의 이야깃거리가 될 것이다. 나는 기꺼이 그런 장소가 될 수 있도록 노력하고 있다.

27

한국의 프랜차이즈에 고함

외식업과 무관한 내용이라도 내가 공감한 모든 걸 우리 직원들과 함께 토론을 한다. 그러다 보니 주기적으로 그렇게 듣는 이야기들이 쌓여 보이지 않는 재산이 된다는 피드백이 돌아온다. 직원들 말로는 그동안의 교육을 통해, 상식이 풍부해졌고 크게는 외식 전문가가 되어간다고 한다.

나는 업무 간섭을 잘 하지 않는 편이다. 불필요한 간섭으로 직원들이 의욕을 상실하거나 소극적인 자세가 되면 안 되기 때문이다. 사람이란 제대로 된 멍석을 깔아주면 스스로 알아서 다 하게 되어 있다. 다만, '남의 일'이 아니라 '나의 일'이라는 생각을 가질 수 있도록 리드하면 사장으로서의 역할은 다한 거라 생각한다. 기회는 스스로 창출하는 것이지 시킨다고 되는 게 아니기 때문이다.

하지만 직원 교육에는 철저해야 한다는 것이 나의 경영 방침이다. 주 1회 반드시 매장을 방문하여 직원 교육프로그램을 주기적으로 실시한다. 이때 대학에서 외식경영 강의를 한 경험은 직원 교육에 유용하게 쓰인다. 경영에 관한 정보나 음식의 노하우, 유행하는 인테리어 정보 등을 직원들과 실시간 공유한다. 그러다 보니 주기적으로 그렇게 듣는 이야기들이 쌓여 보이지 않는 재산이 된다는 피드백이 돌아온다. 직원들은 교육을 통해, 상식이 풍부해졌고, 외식업에 종사한다는 자부심도 생긴다고 한다. 정보를 준다고 다 유용하게 활용되는 건 아니지만 이럴 때 직원 교육프로그램을 운영하는 보람을 느낀다. 직원들 한 명 한 명이 소중하고 더 발전된 모습이기를 기원하는 마음도 이럴 때 더 다져진다.

앞장에서 소개했듯이 <더도이 식품> 각 매장의 실장들은 한 달에 한 번 '맛집 기행'을 한다. 우리가 하는 일이 맛을 내는 일이다 보니, '맛'으로 유명한 집은 탐구하여 직전 찾아가서 맛을 봐야 한다는 게 내 고집스러운 생각이다.

한 달에 한 번 우리는, 아침 일찍 무조건 떠난다. 가보고 싶은 외식업소가 선정되면 바닷가든 산골이든, 오지든 번화가든 가리지 않는다. 가서 보고 먹고 체험한다는 것은, 앉아서 상상하고 생각하는 것과는 천지차이다.

"들려주면 잊어버린다. 보여주면 기억한다. 경험하면 이해한다."

이것이 광고의 원리다. 평면적으로 생각하는 것과 입체적으로 경험하는 것은 수용체계부터 다르고 응용의 폭도 달라질 수밖에 없다. 직접 가서 먹어보고 체험하는 동안 벤치마케팅의 요소를 찾아낼 수 있다면 그건 그냥 맛집 기행이 아니다. 그야말로 산교육이고 확실한 연수다.

하지만 원래의 취지를 살리지 못해도 좋다. <더도이 식품> 한 솥밥을 먹는 식구들끼리 한 달에 한 번쯤 만나서 그냥 먹고 즐기기만 하더라도 효과는 충분하다. 원래 공부란 수업시간에만 하는 게 아니라 쉬는 시간에 더 큰 교육 효과가 일어나기도 하는 법이다. 각 매장에서 일하는 젊은 실장들이 그렇게 모여 안부를 묻고 친목을 나누는 모습은 보고만 있어도 흐뭇하다. 전직 재단사, 경제연구소 연구원, 무역사 오퍼레이터, 제약회사 직원 등 <더도이 식품>의 실장들은 전직도 다양한데, 각양각색의 직업을 가졌던 사람들이 한 차를 타고 맛집을 탐방하러 가는 모습을 보면서 나는 생각한다.

'저들에게 내가 해 줄 수 있는 것은 무엇일까?'

직원이기 이전에 우리 사회를 구성하는 건강한 젊은이인 동시에 생활인이고 한 가정의 가족인 그들의 삶을 엿보는 재미는 쏠쏠하다. 내 직원들이 즐거워하는 모습을 보고 있자면 나도 한없이 즐거워진다.

전주 한옥마을로 맛집 기행을 갔을 때의 일이다. 밤새 차를 타고 온 여독도 있을 법한데 아침 일찍부터 서둘렀다. 한옥마을은 정갈했고 모처럼의 여행에 마음은 들떴다. 여기저기 볼거리들도 많았다. 그러다 넓은 마당 한쪽에 놓여있던 투호 항아리를 발견했다. 우리는 누가 먼저랄 것도 없이 화살을 던지기 시작했다. 아무도 주도하지 않았는데 두 패로 갈라지면서 느닷없이 '더도이 투호 대회'가 열렸다. 자연스럽게 인원이 맞춰지고 팀이 결성되자 응원전까지 펼쳐졌다. 화살을 한 촉 한 촉 던질 때마다 올림픽 못지않은 열띤 응원이 터져 나오고 화살을 쥔 선수는 국가대표 못지않은 투혼을 발휘했다. 평일의 이른 아침, 한옥마을 한편에서는 그렇게 투호 대회가 한창이었고, 화살을 던지는 마음이나 응원의 박수를 치는 마음이나, 또 그걸 흐뭇하게 지켜보는 내 마음이 하나가 되고 있었다.

이후, 우리의 맛집 탐방 여행은 변화가 있었다. 볼링대회, 탁구대회 등 직원들이 단합할 수 있는 놀거리 하나씩은 꼭 찾아내어 즐긴다. 나는 직원들에게 아름다운 추억을 간직할 수 있도록 노력하는 대표이고 싶다. 직원들은 혹 우리 회사를 떠나더라도 함께 연수를 하고 맛집을 돌아다니던 고운 기억은 오래 간직하게 될 것이다.

때로는 가족들끼리도 무관심해질 때가 있다. 복잡해지는 사회구조는 가족의 결속도 느슨하게 만들고 있다. 복잡하고 치열한 세상, 누군가의 위로가 절실하지만 가장 가까운 가족마저도 각자 자기 일에만 몰두하게 될 때가 있는 것이다. 이럴 때 오히려 가까이 느껴지는 대상은 직장 동료다. 나는 직원들이 교육 프로그램을 통해 '한솥밥'을 먹는 식구라는 결속이 다져지고 동료애를 넘어 동지애를 가지는 계기가 될 수 있었으면 한다. 때로는 각자 다른 일을 하는 가족보다 서로 잘 아는 일을 하는 직장 동료가 더 살갑게 느껴질 수도 있는 것이다.

이렇게 말하기는 조심스럽지만, 식당 종업원은 상처가 많다. 12시간이 넘도록 서서 일을 하는 게 예사고 손님의 시중을 드는 게 주된 업무다. 주방장을 제외하고는 전문직이라 말하기도 어렵고 사회적으로 대우를 받는 직종도 못 된다. 돈을 많이 버는 것도 아니다. 대놓고 말해서 자부심을 가질 만한 직업이 아닌 것이다. 식당에서 일하는 여종업원들은 왜 또 그리 편모가 많은지, 사별이나 이혼을 한 전업주부가 쉽게 취업을 생각하는 곳이 식당이다 보니 그런 것 같다.

경제적으로나 정서적으로나 안정되지 못한 직원들을 보면 안타까운 마음이 들 때가 많다. 대표로서 그들에게 가장 해주고 싶은 것은, 그들이 주인공이라는 생각을 갖게 해주는 것이다. 나는 고용주이기 이전에 그들과 인연을 맺은 한 사람으로서 세상을 긍정적으로 살아갈 수 있도록 해주고 싶다. 그래서 직원들에게 비전을 제시해 주기 위해 복지자금으로 적지 않은 돈을 투자한다. 미래가 있어야 정체성도 있는 것이다.

<더도이 식품>에서는 일 년에 두 번 장기근속 직원에게는 해외여행의 특전을 준다. 6월 첫째 월요일과 12월 첫째 월요일, 근무 연수를 기준으로 선정된 직원은 해외여행을 떠날 수 있다. 물론 경비는 전액 지원한다. 그러다 보니 해외여행 순서를 기다리는 사이 일 년이 후딱 가더라는 말을 하는 직원도 있다. 직원 해외여행 프로젝트를 진행하면서 제일 마음이 아픈 건, 비자나 여권이 뭔지도 모르는 사람이 있다는 사실이다. 비자나 여권을 발급받아 해외여행을 갈 수도 있다는 가능성과는 무관하게 살아가는 고달픈 삶을 들여다보게 될 때 나는 직원들 복지에 더 마음을 쓰게 된다. 그런 직원일수록 여행을 떠나기 전부터 기대가 크고 다녀와서도 오랫동안 여행 이야기를 멈추지 않는다.

그들이 낯선 문화 신비한 공간을 체험한 경험은 단지 여행의 의미만 있는 것이 아니다. 신산하게 살아온 인생에 대한 보상이기도 하고 격려가 되기도 한다. 여행 전과 여행 후의 표정이 확 달라진 경우도 많다. 몰라보게 밝아진 얼굴로 "식당에서 일하는 동안만큼은 꼭 사장님과 같이

일하고 싶다."며 내 손을 꽉 그러쥐는 직원을 볼 때, 어떤 일이 있어도 그들의 복지정책은 결코 멈춰서는 안 된다는 생각을 한다.

나는 평소 직원들에게 우리가 바로 애국자라는 말을 자주 한다. 우리가 정성스럽게 담아주는 한 그릇의 밥을 먹고 손님들은 재충전을 한다. 격무와 스트레스에 지친 모습으로 식당 문을 열고 들어서지만 살가운 인사 한마디, 맛깔스럽게 내놓는 음식 하나하나, 미소를 잃지 않는 시중을 받는 동안 손님들이 편안해진다. 한결 누그러진 얼굴로 식당 문을 나서는 손님을 보면 우리도 즐거워진다. 하루하루 살얼음을 딛듯 긴장 속에서 살아가는 사람들에서 친절과 맛으로 위로를 주는 사람들. 인공 감미료 대신 좋은 재료, 손익 타산 대신 사람에 대한 사랑을 가진 사람들.

우리는 애국자다. 나는 이렇게 애국심 넘치는 직원들을 둔 사장이다. 그리고 직원에게 투자해야 미래가 보인다는 것도 깨달은 사장이다.

28

노하우는 숨기지 말고 팔아라

자신이 가지고 있는 모든 노하우를 퍼부어라. 장사가 잘된다면, 새로운 노하우가 또 생긴다. 그것은 나만의 독창적인 것일 가능성이 크다. 이런 것들이 쌓여서 나중에 정말 큰 대박을 만들 수 있는 무기가 탄생하는 것이다. 당장 내일이 어떻게 될지 알 수 없는 업종이 요식업 계통이다. 가지고 있는 것을 모두 쏟아부어도 힘들다는 뜻이다. 정말 아껴야 할 것은 노하우가 아니라, 어떻게든 되겠지라는 나태함이다.

장사, 그것도 음식 장사인 외식업계는 각각의 노하우가 존재한다. 맛의 비결이라든지, 서비스 방법, 식기 세팅까지 정말 다양하다. TV나 각종 책자에서는 이런 노하우들을 공개하면서 '나는 이렇게 하니 성공했다.'고 말하며 성공담을 공개한다. 어떤 책은 아예 대놓고 다양한 노하우를 모아 놓기도 했다. 나 역시도 식당을 운영하면서 느낀 점들과 나만의 방법들을 이 책에서 공개하고 있다.

왜 사람들은 잘 나가는 집의 노하우를 공개하려고 할까? 그냥 자기만 알고 있어도 되는데, 굳이 대중들에게 공개해 경쟁자를 늘리려고 할까?

이유는 간단하다. 노하우를 공개하는 것 자체가 자신감의 반증이기도 하지만 누군가 나의 성공담으로 힌트를 얻어 성공한다면 그것은 그것대로 보람이 있는 일이라고 생각하기 때문이다. 그 이면에는 나의 성공이 결코 운이 아닌 노력과 열정이었다는 것을 알림으로써 더욱 신뢰감을 주려고 하는 목적도 있다.

외식업 창업을 꿈꾸는 사람들과 대화를 하면서 기본이 덜 갖춘 사람들을 많이 만난다. 외식업에 대한 개념조차 이해하지 못했거나, 단순히 프랜차이즈만을 믿고 막연히 뛰어드는 경우도 상당히 많다. 솔직이 나의 눈에 이런 사람들은 불을 향해 무작정 뛰어드는 불나방처럼 생각된다. 이런 사람들은 아무것도 없이 맨손으로 전쟁터에 뛰어드는 것이다. 혹은 누가 주는 대로 대충 챙겨 입고 살벌한 전쟁터에 의기양양 달려가는 셈이다. 장사는 전쟁이다. 손님의 마음을 얻기 위해 매일매일 고된 전투를 벌여야 한다.

장사꾼 DNA를 갖춘다는 것은 한 마디로 자신만의 노하우 즉, 비결이 된다. 자신만의 무기이며 외식업에서의 생존 방법이다. 이 비결은 생존하기 위한 모든 상황에서 사용돼야 한다. 대충은 없다. 맛, 서비스 등 모든 면에서 자신의 노하우 다시 말해 매장을 찾는 모든 손님들에게 자신의 노하우를 아껴서는 안 된다. 그것을 대원칙으로 삼는 매장만이 이 전쟁에서 살아남는다.

우리 업계는 매일매일 망하는 사람과 새로 시작하는 사람으로 늘 북적인다. 나는 이들에게 해주고 싶은 말이 있다. 그것은 1위를 꿈꾸지 말고 유일을 꿈꾸라는 말이다. 즉 넘버원이 아니라 온리원이 되어야 한다는 것이다.

외식업에 중간은 없다. 어정쩡한 맛, 가격, 분위기, 접객 서비스로는 결과가 뻔하다. 자신이 선택한 메뉴 중 우선 한 두 가지 잘하는 것이 첫걸음이다.

"저 식당은 된장찌개가 정말 맛있어." 이런 소문으로 누군가 찾아온다면 그때부터 시작인 셈이다. 그 하나를 잘하기 위해 우리는 수많은 타인의 노하우를 공부하고 나만의 비결을 만들어 내기 위해 공부한다. 덧붙여 강조하지만, 장사를 하려면 '제발' 공부해야 한다.

손님은 일주일에 적어도 서너 번의 외식을 하고 한 달이면 최소 15번의 외식을 하는데, 식당 주인은 1년 열두 달 잘 되는 식당이 어떻게 생겼는지 구경조차 않으면 어떻게 손님의 마음을 잡을 것인가. 그런 면에서 나는 팀장들과의 맛집 탐방을 업무 매뉴얼 우선순위에 넣고 있다.

누군가 노하우를 공개하거든 보기만 하고 고개만 끄덕이지 마라. 바로 시험해보라. 좋은 아이디어가 떠올라도 실천하는 사람은 많지 않다. 실천하는 사람만이 살아남는다. 그렇게 공부를 통해 채집한 노하우가 쌓였다면, 아끼지 마라. 다 퍼부어라. 어정쩡한 음식 메뉴를 계속 늘릴 바엔 모든 노하우를 퍼붓는 한 가지에 집중하라. 외식업에 뛰어든 순간부터 규모의 차이는 있지만 이제부터 당신은 소비자가 아니라 경영자다. 실제로 요식업 창업자들을 살펴보면 소비자로서의 경쟁력은 있지만, 경영자로서의 역량은 부족한 경우가 많다.

경쟁이 치열한 이 시대, 소비자들은 선택의 폭이 넓기 때문에 까다로울 수밖에 없다. 이를 위해서 자신만의 노력으로 터득한 노하우를 갖추어야 한다. 누구누구가 이 아이템으로 대박 났다더라, 요즘은 이게 좋다더라, 이런 '생각'으로만 창업을 한다면 빨리 망하는 지름길이다.

모든 외식업은 수익을 내는 일종의 '로직'이 존재한다. 어떤 식으로 고객에게 다가가고, 어떤 식으로 소비자의 지갑을 열게 하는지에 대한 핵심을 짚고 이해하는 것부터 시작해야 성공적인 음식점 창업으로 이어질 수 있다. 아울러 더욱 중요한 것은 실패사례도 철저히 연구해야 한다.

언론에서는 성공사례가 쏟아져 나오고 있고, 프랜차이즈에서는 성공사례로 창업자들을 유혹한다. 하지만 반드시 주목해야 할 것은 성공사례가 아니라, 실패사례다. 시장조사를 할 때 역시 줄 서서 먹는 집보다 파리 날리는 집을 더욱 세밀하게 조사해야 한다. 왜 손님이 찾지 않는지 정확한 원인을 파악하고 수많은 실패사례를 분석하다 보면 실패하는 원인은 물론 실패하지 않을 수 있는 방법까지 터득할 수 있게 되는 것이다.

소비자들을 '어떻게' 내 고객으로 만들 것인가?

이제까지 요식업 창업에 대한 많은 준비를 하였다면, 즉 노하우를 수집하고 개발하는 데까지는 혼자의 싸움이었다면, 매장을 개업하면서부터는 양상이 달라진다. 손님의 마음을 잡아내야 한다. 뭘 아끼고 말고 할 것이 없다. 자신이 가진 모든 노하우를 퍼부어야 한다. 이런 열정을 쏟을 때 새로운 노하우가 생긴다. 장사꾼 DNA가 하나 둘 만들어지는 것이다. 그것은 나만의 독창적인 것일 가능성이 크다. 이런 것들이 쌓여서 나중에 정말 큰 대박을 만들 수 있는 무기가 탄생한다.

당장 내일 어떻게 될지 알 수 없는 게 요식업 계통이다. 가지고 있는 것을 모두 쏟아부어도 힘들다는 뜻이다. 정말 버려야 할 것은 어떻게든 되겠지라는 나태함이다. 그런 마음은 외식업에 들어오기 전 어디 창고 같은 데다 던져 놓고 와라. 요식업은 그렇게 만만한 싸움터가 아니다.

29

두 가지의 꿈

나에게는 두 가지의 꿈이 있다. 하나는 체계적으로 후학을 키우는 것이고 다른 하나는 내가 사는 도시 곳곳에 도서관을 만드는 일이다.

미국의 사상가이며 문학가인 헨리 데이비드 소로우는 "한 권의 책을 읽음으로써 자신의 삶에서 새 시대를 본 사람이 너무나 많다."고 말했다.

나는 책을 좋아한다. 독서에서 얻는 효능과 즐거움은 이루 말할 수 없지만, 그중에서도 안정과 발전을 우선으로 말하고 싶다. 책을 읽음으로써 오는 안정감은 TV 등 매스컴의 정보에 의해서는 찾기 힘들다. 독서를 하면 머릿속은 상상과 묘사로 가득해진다. 그 순간적인 집중은 어떤 고민도 잊게 만드는 매력이 있다. 책은 읽으면 남는 것이 있다. 가슴을 저미는 글귀나, 공허한 지식의 한 부분을 시원하게 채워 준다.

아울러 책을 읽으면 대화가 풍성해진다. 책을 많이 읽는 사람은 사용하는 단어, 문장들이 풍부하다. 어휘력과 표현력이 높기 때문이다. 이런 어휘력과 표현력은 글을 쓸 때나 말을 할 때 군더더기 없이 논리 정연하게 정리할 수 있고, 이해하기 쉽고 설득력이 있다.

사업가로서 논리 정연한 이야기만큼 큰 무기가 또 어디 있겠는가. 나아가 독서를 많이 하게 되면 자연스레 많은 이야기들을 접하게 되고, 많은 생각들을 하게 된다. 그러다 보니 새로운 시각으로 세상을 볼 수 있고 창의력과 사고력이 향상된다. 책 속에는 정말 많은 길이 있고 삶이 있다. 그 많은 길과 삶의 방법을 독서를 통해 간접적으로 경험할 수 있고, 깨우칠 수 있다. 독서하는 사람의 특권인 셈이다.

책을 통해 우리는 우물 안 개구리에서 서서히 벗어나게 된다. 정체되지 않는 인간으로 살아갈 수 있게 되는 것이다. 독서는 하나의 현상과 사물을 보이지 않는 것까지 바라보게 하는 마력을 지니고 있다.

내가 무엇보다 독서를 선호하는 것은 나를 발전시키기 때문이다. 독서는 삶을 살아가는데 필요한 사고력, 창의력, 어휘력, 배경지식, 정보, 상식 등을 제공한다. 그런 것들이 융합하면 바로 자기계발로 이어진다. 이렇게 쌓인 지식은 퇴화하지 않고 내 안에서 다른 것과 연결이 된다. 그 연결점이 어느 순간 아이디어로 바뀌고 그것이 현실이 되는 경우, 내가 원하는 세상이, 기회가 성큼 다가오는 것이다.

도서관을 만들고 싶다는 꿈은 여기서부터 시작했다. 나는 많은 이들에게 기회를 주고 싶다. 하지만 그것은 돈을 주고 고용하는 형태가 아니다. 모든 사람들은 저마다 자신만의 재능과 특기가 존재한다. 그것을 평생 못 찾는 사람이 있는 반면 일찍 찾는 사람도 있다.

나는 나의 길을 책에서 찾았다. 외식업에 대한 재능도 그때 깨달았다. 자신이 무엇에 재능이 있고 무엇을 좋아하는지 모르는 사람들을 위해 나는 도서관이라는 인생의 은행을 열어주고 싶다. 거기서 자신을 발견하고 세상에 나가 마음껏 성장한 뒤 훗날 도서관을 빛내는 책 한 권을 써서 갚아주길 바라는 것이다.

작지만 있을 것은 다 있는 도서관이 동네마다 들어서고 누구나 거기 앉아서 마음껏 책을 읽으며 시간을 보내는 광경은 상상만 해도 가슴이 뜨거워진다. 그 안에서 누군가는 인생을 찾을 것이고 누군가는 자신을 위로하고 누군가는 미래를 꿈꾸게 될 것이다. 책의 한 장, 한 장에 시선을 고정하고 호흡을 고르며 다음 장을 기대하는 그 순간을 내가 만들어 줄 수만 있다면! 아니 그럴 수 있도록 오늘도 노력한다. 거창하게 사회 환원이라고까지 말하지는 못하겠지만, 내가 사는 도시에 지금 세대와 다음 세대를 아우르는 공간을 선사하는 것은 사회적으로 성공한 사람의 의무다. 그리고 그 의무는 내 꿈이기도 하다.

또 하나는 후학 양성이다. 요리는 기술이 아니라 학문이다. 인류의 역사와 같이하며, 그 사회를 반영해왔다. 요리 하나에는 수많은 과학과 철학이 담겨 있고 과거부터 현재까지 이어져 오는 시대가 자리한다. 그런 요리를 이젠 더 이상 주방에서 비법을 전수하는 기술이 아닌 정식 학교에서 공부하게 하는 것이 내 꿈이다. 이른바 요리 특성화 대학교를 만드는 것이다.

세계적으로 유명한 요리학교로는 우선 3대 명문 요리학교를 떠올린다. 특히 최근 몇 년간 유학하고 한국으로 들어온 셰프들이 방송을 타면서 중고등학교 학생뿐만 아니라 성인 사이에서도 요리 유학을 꿈꾸는 사람들이 많이 늘고 있다.

우리나라의 경우 1980년대부터 해외 요리 유학을 떠나는 사람들이 등장했다. 이후 프랑스·이탈리아·일본 현지의 명문 요리학교에서 실력을 갈고닦은 사람들이 고국으로 돌아와서 국내 유명 호텔과 레스토랑에서 셰프로 대우받으면서 국내에서도 해외 요리 문화가 유행하기 시작한 것이다.

간단하게나마 세계 3대 명문 요리학교를 소개하면,

첫 번째가 프랑스의 '르 꼬르동 블루'다. 요리사 또는 파티시에를 꿈꾸는 사람이 아니더라도 많은 사람들이 알고 있는 프랑스 르 꼬르동 블루는 인기 MBC 드라마 〈내 이름은 김삼순〉에서 주인공인 파티시에 김선아 씨가 극 중에서 공부한 학교이기도 하다. 영화 〈사브리나〉에서 오드리 헵번이 르 꼬르동 블루에서 요리수업을 받는 장면도 생생하다.

르 꼬르동 블루는 프랑스 요리의 발전과 전파를 목적으로 1895년에 설립된 프랑스 요리, 제빵, 제과 및 와인 전문학교다. 프랑스 어로 '파란 리본'을 의미하는 '르 꼬르동 블루'라는 단어는 원래 프랑스혁명 이전에 당시 최고 권력 기관인 '성령 기사단'을 지칭했는데, 이 기사단이 즐겼던 성대한 만찬이 훗날 유럽 각국으로 전파되면서 '르 꼬르동 블루=최고의 요리'라는 뜻으로 불리게 됐다. 프랑스 파리에 본교 이외에 1933년에 런던 분교가 설립된 이후 캐나다 오타와, 일본 도쿄 등 전 세계 15개국에 29개 해외 분교를 운영하고 있다.

다음은 미국의 Culinary Institute of America(CIA)다. CIA는 1946년 뉴욕에 설립된 약 70여 년 역사를 가진 미국의 요리 명문 학교로 지금까지 4만 8,000명의 수료생을 배출했다. 일반적인 요리학교는 특별한 자격을 요구하지 않지만, CIA에서는 조리 경력과 레스토랑 서비스 경력이 6개월 이상이어야만 입학 지원이 가능하다. 재학생들에게 수준 높은 교육을 제공하며, 선의의 경쟁을 펼치는 과정에서 학생들이 함께 성장해 나갈 수 있도록 철저한 교육 프로그램과 최고의 요리사 양성을 교육목표로 한다. 깊은 전통과 최고의 조리 교육으로 유명하다. CIA는 한국의 제주도를 찾아 조리법이 간단하면서도 제주도의 해산물을 이용한 요리를 취재하기도 했는데, 그만큼 세계적인 요리의 흐름을 읽고 그에 맞는 새로운 요리를 개발하고 연구하는데 관심이 많은 곳이다.

마지막으로 일본 츠지(쯔지) 조리사 전문학교다. 일본 오사카에 위치하는 츠지 조리사 전문학교는 일본 일류 음식점에서 실력을 쌓아온 전인 교수진 400여 명이 현장에서 꼭 필요한 실전 기술을 가르친다. '요리의 세계는 진품 이외에는 통용되지 않는다.'는 구호까지 있을 정도로 그 열정이 대단한 학교다. 오사카 본교 이외에 도쿄, 프랑스 리옹에 7개 학교를 설립하고 체계화된 일본식 요리 교육뿐만 아니라 프랑스, 중국, 이탈리아 요리 등 15개 학과를 운영하고 있다.

조리 기능대학의 역할을 하는 츠지는 고등학교 졸업 후 1~3년 과정을 거치는데 학생의 60%가 구체적인 요리 장르를 선택하지 못한 채 요리를 시작하지만, 교수진이 함께 롤모델을 찾고 학생에게 맞는 요리 분야와 진로를 결정하는 데 조언을 아끼지 않는다.

현재까지 졸업생은 13만 명에 달하며, 그중 한국인 졸업생은 200여 명이라고 한다. 졸업생들은 일본을 비롯해 세계 각국 1,300여 곳의 레스토랑을 운영하고 있으며, 탄탄한 동문회 네트워크로 졸업생의 취업에도 도움을 주고 있다.

그렇다. 내가 만들고 싶은 학교가 바로 저런 곳들이다. 한국의 음식으로 세계에 당당히 나설 수 있는 요리사들과 경영자를 양성하는 학교, 그래서 이름을 떨치는 수많은 요리사들이 한국의 명예를 빛낼 수 있도록 하는 것이 나의 최종 꿈이다.

전통적으로 이어져 온 우리 요리를 배우는 것은 물론이고 시대를 반영하고 또 시대를 선도하는 요리를 만들 수 있는 인재는 더 이상 꿈이 아니다. 충분히 우리의 요리는 세계의 입맛을 사로잡을 수 있고 또 실제로도 그런 일들이 발생하기 시작하고 있다. 세계 곳곳으로 우리 음식의 우수성을 알리고 뻗어나가야 할 시간이 우리에게 온 것이다.

나는 우리의 청춘들이 세상으로 달려갈 수 있도록 준비시키고 다듬고 싶다. 현실에 좌절하고 방황하는 청춘들에게 기회를 주고 기회에 걸맞은 실력을 양성시켜, 외식업의 새로운 미래에 일조하고 싶은 것이다. 흔히들 기성세대를 꽉 막힌 세대라고 부른다. 그것은 자기만 알고 자기만 옳다고 생각하기 때문이다. 기성세대가 어른으로서 대접을 받으려면 젊은 청춘들에게 길을 알려줘야 한다. 올바른 길을 밝혀줄 의무가 기성세대에게 있는 것이다. 우리의 젊은 청춘들에게 노력과 열정이 충분히 보상받는 사회, 적어도 우리 계통에서는 그것이 통하는 사회를 만들고 싶다.

청춘들이 열정과 노력만 들고 온다면, 그들이 마음껏 미래를 꿈꾸며 날아다닐 수 있는 공간을 선사하는 것이 나의 꿈이요, 의무다.

장사하는 사람이 장사로 끝나면 그것은 장사치일 따름이다. 나는 장사를 하지만, 장사치로 남고 싶지 않다. 나는 이 사회의 어른이면서 기회를 주는 선배이고 청춘들의 길을 열어주는 안내자이고 싶다. 그렇기에 나는 오늘도 국밥 한 그릇을 정성스럽게 말면서 손님들에게 미소 짓는다. 이 국밥 한 그릇에 나의 꿈과 훗날 그 꿈에 동참하게 될 수많은 후학들의 환호가 담겨있기 때문이다.

30

흐름을 만들겠다는 마음으로 경영해라

90%의 식당이 하면 안 되는 것을 합니다.

외부강의가 있을 때 종종하는 말이다. 현장에서 치열하게 활동하는 식당 주인 겸 교수의 말이라 청중은 귀를 쫑긋 세운다.

한 번 생각해보자. 똑같은 전단지, 똑같은 메뉴, 똑같은 시스템, 똑같은 마인드까지. 당연히 안 된다. 그렇지만 사람들은 한다.

다행히 한 번의 기회가 더 있다. 그 기회는 외식업을 창업한 후 미처 깨닫지 못한 개선점을 찾아 개선하면 된다. 하지만 이마저도 하지 않는 경우가 대부분이다. 나는 물론 내 가족까지 영향력을 미치는 일인데 어떻게 개선하지 않고 프랜차이즈 회사가 알아서 해주기를 바라는 점주들을 보면 참 안타깝다. 프랜차이즈 회사는 주인의 의지만큼 도와준다. 프랜차이즈는 키다리 아저씨가 아니라는 점을 기억하자.

사람들은 역으로 묻는다. "어떻게 개선점을 찾느냐?"

이 질문에 나는 다음과 같이 답했다. "끊임없이 생각을 하세요."

알쏭달쏭한 말이지만 의외로 쉬운 말이기도 하다.

얼마 전 미팅이 있어 전통 찻집 갔다. 메뉴로는 대추차, 십전대보탕, 인삼차 등을 팔고 있었다. 가게 분위기는 조용하고 차분했다. 주 고객은 50~60대였다. 2층이었지만 유동 고객이 많은 거리에 위치하고 있어 임대료가 만만치 않을 것이라고 짐작했다. 테이블은 6개, 좌식은 4개가 있었다. 오후 4~6시간 동안 3팀이 들어왔다. 미팅이 끝나고 계산하며 나도 모르게 컨설팅을 해버렸다.

"차가 맛있네요. 이 맛있는 차가 더 팔렸으면 좋겠습니다. 밖의 날씨가 무척 더우니 전통차에 얼음을 넣고 1층 가게 앞에 나가서 거리를 지나는 사람들에게 조금씩 나눠주세요. 그리고 서비스 차원에서 식혜를 무한리필 하면 어떻겠습니까?"

주인은 살짝 웃으며 넘어갔고 미팅을 한 일행은 나를 보고 웃었다.

"대표님은 항상 어떻게 하면 장사가 잘될까 고민하시나 봐요."

일행 중 누군가에게 핀잔 아닌 핀잔을 받았다. 직업은 못 속인다는 말이 있듯이 30년 동안 요식업을 하다 보니 뼛속까지 변해버린 것 같다. 나는 다른 식당에 가면 장단점 분석하기 바쁘다. 사실 다른 식당 가서 마음 편하게 식사한 적이 언제인지 모르겠다. 주변 사람들은 피곤하게 왜 그렇게 분석하고 공부하는지를 묻는다. 이유는 하나다. 평소에 끊임없이 요식업에 대해서 생각하는 습관이 나도 모르게 나온다.

우리 삶에서 우연은 많지 않다. 어느 날 갑자기 스승이 나타나 도와주거나, 대박 치는 아이디어가 갑자기 탄생하지 않는다. 평소 이 사람 저 사람 만나야 스승으로 모실 사람이 나타나고 작은 아이디어를 끊임없이 생각해야 대박 치는 아이디어가 탄생한다. 식당을 개선하는 것 역시 평소 훈련된 사람에게 개선점이 보이는 법이다.

나는 창업컨설팅 강연에서 평소 요식업 대표의 마음가짐에 대한 중요성을 강조한다.

"나를 위해, 가족을 위해 그리고 고객을 위해 어떻게 해야 할까를 고민하십시오. 항상 부족한 나를 인정하는 마음이 필요합니다. 아무리 살펴봐도 개선할 것이 없다는 생각이 들면 식당 앞 도로에 나가 개선할 점을 찾아보세요. 내 가게 앞을 지나는 사람이 도로에 불편한 점이 있다면 식당의 문제로 이어집니다. 민원도 넣고 개선점을 찾아보세요. 또한 손님이 제안하는 문제점에 항상 귀 기울여 소중하게 간직하세요. 종종 손님이 개선을 제안하면 "내가 이 바닥에 몇 년을 굴렀는데…"라고 말하는 주인이 있습니다. 고객이 주는 작은 메시지에 귀 기울이고 제안한 것 이상으로 개선하면 고객은 감동하여 다시 찾을 것입니다. 내가 말한 것을 즉각 실천해주니 이보다 손님의 자존감을 높여주는 게 있을까요. 그리고 항상 공부하세요. 정부가 지원하는 컨설팅 교육이 있다면 돈이 아깝다는 생각을 하지 말고 참석하도록 노력하세요. 교육장에서 만난 같은 업종에 종사하는 사람들로부터 많은 정보를 얻을 수 있을 것입니다. 이러한 정보를 적극적으로 활용한다면 식당을 한 단계 점프할 수 있는 기회를 얻을 수도 있습니다."

변하지 않으면 퇴보한다는 사실은 누구나 알고 있다. 중요한 건 실천이다. 변화하는 방법은 하루아침에 탄생하지 않는다. 평소 훈련을 해야 한다. 식당에 바꿀 부분이 없는지를 꾸준히 관찰하고 고객이 주는 작은 메시지를 놓치지 말고 개선 훈련을 해야 한다.

사업을 하면서 가장 중요한 요소를 꼽으라면 욕심을 말하고 싶다. 스스로 평가했을 때 욕심이 없이 사업을 하면 안 된다고 생각한다. 사업을 하면서 발생하는 인간관계에서의 상처, 검은 유혹, 자금 압박 등을 극복시켜주는 게 욕심이다. 여기서 구분 지을 게 있다. 욕심과 탐욕의 차이다. 욕심이 목표를 성취하고자 하는 열망이라면 탐욕은 목표 성취를 위해 온갖 수단을 동원하는 일이다. 욕심은 챙기고 탐욕은 버려야 한다.

불황이 장기화되면서 욕심을 사치라고 생각하는 사람이 늘어나고 있다. 실패를 두려워하지 않는 기업가 정신은 점점 찾아보기 힘들다. 주어진 삶에 만족하고 안정된 일자리와 그 일자리를 지키기 위해 세대 간의 싸움이 일어나고 있다. 한마디로 좋은 일자리를 두고 아버지와 아들이 싸우는 형국이다. 사업하는 사람으로서 그리고 기성세대로서 이런 환경을 물려주는 것이 미안한 마음도 있다.

나는 프랜차이즈 문의가 오면 욕심을 챙기라고 말한다. 욕심이 있다면 어떤 환경도 극복할 수 있다. 그리고 이왕 욕심을 차릴 바에는 나만의 흐름, 즉 류(流)를 만들겠다는 큰 각오를 세웠으면 좋겠다. 꿈은 열망하는 자의 것이다. 우리는 꿈꾸는 크기만큼 성장한다. 이왕 시작한 사업이면 큰 꿈을 갖는 게 좋지 않을까. 어느 사업가의 조언처럼 100% 달성을 계획하면 80~100% 달성할 수 있지만, 200% 달성을 계획하면 120~150% 달성할 수 있다.

사업과 자영업의 핵심 차이 중 하나가 시스템이다. 나만의 흐름을 만들고 싶다면 시스템부터 고민해야 한다. <더도이 국밥> 집을 시작할 때

프랜차이즈 사업을 해야겠다는 욕심이 있었다. 당시 내 가족, 내 노후까지만 생각했다면 시스템을 갖출 생각을 하지 않았을 것이다. 프랜차이즈 업계에서 성공한 사업가라는 소리를 듣고 싶었다. 즉 나만의 흐름을 만들고 싶었던 것이다. 소망을 이루기 위해 경영책도 읽었고, 밤새도록 메뉴도 개발했다. 남들이 비웃든 손가락질하든 나만의 흐름을 만들겠다는 각오로 지금까지 왔다.

퇴직금과 사업자 대출금을 들고 프랜차이즈를 문의하는 사람들과 상담하다 보면 목소리만 들어도 욕심이 있는지 없는지를 판단할 수 있다. 컨설팅을 하다 보면 어쩔 수 없이 먹는장사를 하겠다고 선택한 느낌을 받는 사람을 만난다. 의욕도 없고, 욕심도 없는데 어떻게 사업을 할 것인가라는 안타까운 마음이 든다. 반대로 "우리 나이도 할 수 있다는 걸 보여주고 싶다."라고 말하는 퇴직자를 보면 적극적으로 도와주고 싶은 마음이 든다.

곰탕으로 유명한 골목에 간 적이 있다. 곰탕집이 5개 정도 보였다. 모두가 원조라는 간판을 내걸고 있었다. 그중 한 집은 세련된 건물의 곰탕집이었다. 젊은 층을 공략한 곰탕집이라는 생각이 들었다. 모두 원조집을 중심으로 공존하는 분위기였다. 이렇듯 원조를 자랑하는 식당의 주위로는 유사 식당 몇 개가 들어온다. 그리고 유동인구가 많아지면서 편의점이 들어온다. 주차장이 부족하니 유료주차장도 생길 수 있다. 점심을 먹었으니 커피를 마실 수 있는 카페가 주변에 생긴다. 이왕 온 김에 지역에 유명 관광지도 구경한다. 관광지를 구경하고 지역에서 저녁을 먹고 하루를 마무리한다. 식당 하나가 수십 명을 먹여 살리는 구조이다. 지역의 흐름을 만드는 중심으로 작용한다. 이 역시 식당 주인이 욕심이 있어야지만 가능하다. 욕심을 챙기며, 그 욕심을 바탕으로 대세로 만드는 방법은 명장, 고수, 베테랑, 달인이 되겠다는 각오이기도 하다. 그것은 자기 분야에서 일인자가 되겠다는 치열함이다.

치열함을 이야기할 때 요리분야에 최고봉 명장을 이야기하고 싶다. 국내 요리분야 명장은 10명 내외다. 명장은 사람의 품격과 사회적 영향력까지 평가하기에 최고의 명예라 할 수 있다. 명장은 한국산업인력공단이 주는 자격으로 '한식조리기능사'처럼 기능사를 시작으로 산업기사, 기능장이 있다. 국내 기능장은 300여 명 내외로 요리분야에 탁월한 전문성을 가지고 있다. 명장으로 인정을 받기 위해서는 기능장에서 사람의 품격, 사회 영향력, 봉사활동을 기본적으로 평가한다. 즉 전문성은 기본이고 후배들의 귀감이 될 수 있는 사람인지를 평가한다는 것이다.

전국에 기능사 자격증을 가진 사람은 수만 명이 될 것이다. 그중에서 명장까지 오르는 사람은 10명 내외다. 명장까지 오른 사람은 누구보다 자기 일을 사랑하고 자기 일에 욕심이 있는 사람이다. 그렇기에 자신의 흐름을 만들 수 있었던 것이다. 식당 주인이 요리사가 될 필요는 없다. 그렇다면 경영에서는 일인자를 추구해야 한다. 닭갈비집을 한다면 닭갈비집 일인자를 꿈꿔야 한다. 또한 이왕 시작한 것 닭갈비의 흐름을 바꾸겠다는 욕심도 함께 있어야 한다. 이 욕심이 강한 동기부여가 될 수 있기 때문이다.

이 책의 원고를 거의 탈고할 무렵 2016년 10월 중식당 <국민반점>을

서정희 명장

우리나라 오직 한 사람 중식 대한민국 명장

개업하였다. 또 새로운 영역에 발을 내민 것이다. 중식당은 오랫동안 계획한 사업이었다. 곧바로 추진했다. 영업장소를 물색한 끝에 부산 대연동 경성대 앞에 건물을 선정하고, 경남 정보대학 교수로 재직 중인 대한민국의 유일한 중식 명장 서정희 명장을 섭외하여 국민반점 연구실 기술 고문으로 계약을 맺었다. 나름 최고의 입지와 최고의 중식 명장으로 진용을 갖춘 것이다. <국민반점>은 개업 한 달만에 피크타임에는 긴 줄을 서서 기다려야 식사를 할 정도로 명소가 되었다.

지금도 어린시절 중국집에서 먹던 자장면의 맛을 잊을 수 없다. 지금처럼 기계로 면을 뽑던 방식이 아닌 주방장(대부분 식당주인)이 밀가루를 반죽하여 큰 도마에 "땅, 땅" 쳐대며 면을 뽑는 모습을 잊을 수 없다. 그 굵던 반죽이 실처럼 가늘게 변하던 요술같은 광경!

필자는 지금도 발이 아프도록 뛰어다닌다. 가끔 사람 만나기도 힘들고 메뉴 개발하자고 유혹하는 사람도 주변에 더러 있다. 나 역시 사람인데 편한 것이 좋고 마음 통하는 사람만 만나고 싶다. 그렇지만 이 분야에 만큼은 1등이 되고 싶은 욕심이 있다. 아직 채워지지 않는 욕심 말이다. 아마도 프랜차이즈 업계에 또 다른 대세를 만들고 싶은 욕심이 깊숙이 깔려 있는 것이다. 욕심만큼 최고의 원동력이 되는 것은 없다.

언제까지 내가 요식업 분야에서 활동하고 있을 것인지 그 끝을 장담할 수 없지만 그 끝이 내일이라 하더라도 나는 오늘 음식에 대한 연구를 할 것이다. 좀 더 고객에게 맛있는 음식을 제공할 방법은 없을까….

부록

백억 파는
국밥집 사장의
실전 컨설팅

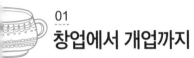

창업에서 개업까지

외식업, 개업에서 영업까지만 생각해서는 곤란하다. 개업 이전 기획의 과정이 완벽하지 않으면 개업 이후 생각지 않은 변수에 휘둘리게 된다. 드러나는 것은 개업 이후지만 물밑에서 성패를 좌우하는 건 창업 준비다.

요식업은 폐업률이 가장 높지만, 창업률은 더 높은 업종이다. 앞에서도 강조했듯이 음식 장사는 일단 사람을 좋아하고 퍼주는 걸 좋아해야 한다. 그러나 사람 좋아하고 퍼주기 좋아한다 해서 다 성공하는 건 아니다. 성공하는 식당과 실패하는 식당의 차이는 뭘까? 식당의 운명은 창업과정에서 이미 결정되어 있다.

창업하기 이전 기획단계에서 얼마나 꼼꼼하게 콘셉트와 메뉴, 입지, 가격, 인력 활용, 인테리어를 전략적으로 구상했는가가 관건이다. 요컨대 치밀한 전략 없이 식당을 창업해서는 안 된다는 말이다. 외식업이란 어떤 것인지, 어떤 원칙과 전략으로 입지를 선정하고 아이템을 결정해야 하는지, 그리고 어떤 홍보 매체를 통해 고객에게 어필할 것인지를 고민하지 않고 창업을 한다는 것만큼 무모한 짓도 없다.

철저하게 창업을 준비하기 위해서는 우선 공부를 해야 한다. 외식업의 역사와 트렌드도 알아야 하고, 소비 심리도 파악해야 하고, 사회적인 분위기도 알아야 한다. 먼저 시작한 다른 사람들의 노하우를 참고하는 것도 창업 준비에 도움이 된다. 그렇게 먼저 관련 분야의 책을 충분히 읽고 나서도 외식업을 하고 싶다면 본격적으로 창업을 하면 된다.

식당을 창업하기로 했다면 아이템과 입지를 결정하는 것이 중요하다. 외식업을 하기에 적절해 보이는 자리를 먼저 발견한 경우라면 거기에 맞는 아이템을 생각해내야 하고, 꼭 해보고 싶은 아이템이 있다면 거기 맞는 자리를 찾아내야 한다. 어느 쪽이 먼저든 아이템과 입지조건은 반드시 함께 생각해야 할 문제라는 것만은 기억하자.

내게 창업의 순서를 묻는다면 나는 입지가 먼저라고 대답할 것이다. 식당을 하기에 적절한 자리만 찾아내면 아이템은 적용하기 나름이라는 게 내 생각이다. 대체로 학교 앞에서는 비싸지 않은 메뉴, 예를 들면 분식집이 잘 되고 사무실 밀집지역에서는 술집보다는 밥집이 낫다. 하루종일 일하던 바로 그 동네에서는 술맛이 안 나기 때문이다. 격무에 시달리던 사람들은 조금이라도 공간을 이동함으로써 사무실을 벗어나 편하게 술을 마시고 싶어 하는 심리가 있다. 그러니 오피스타운에서 너무 멀리 벗어나도 안 되고 너무 가까워도 안 되는 게 술집이다. 주택가라면 조금은 더 다각적인 요인을 고려해야 하지만 가족 외식 업소가 무난하다.

아이템이 결정되고 나면 똑같은 아이템을 메뉴로 하는 식당에서 꼭 일을 해보라고 권한다. 종업원으로 일하게 되면 미처 생각하지 못한 문제점을 발견하게 될 것이다. 손님의 입장과 주인의 입장은 분명히 다른 법이다. 손님의 입장과 주인의 입장을 다 경험해두는 지혜가 필요하다. 종업원으로 일을 하는 동안 손님의 취향과 반응을 수집하면서 시행착오를 미리 경험해둔다면 이보다 더 큰 교육은 없을 것이다.

아이템이 정해지고 종업원으로 일해 본 경험도 있는 상태라면 이제 신중하게 입점할 위치를 선정해야 한다. 이때 가장 필요한 것이 흐름을 읽을 줄 아는 눈이다. 지역에 따른 유동인구수를 파악하고 특성들을 충분히 고려해 입지를 선정해야 한다. 사람만 많이 지나다닌다고 장사가 잘되는 게 아니다. 경우에 따라서는 사람이 들끓어도 지나가기만 하는 위치가 있고, 지역의 특성에 맞지 않아 손님이 들지 않을 수도 있다. 아무리 조건이 좋아도 이러한 흐름의 파악이 되지 않는 자리라면 섣불리 점포 계약을 해서는 곤란하다.

그리고 흐름을 제대로 알기 위해서는 장시간을 투자해야 한다. 마치 경찰이 잠복근무를 하듯 인내심을 가지고 오래 지켜보면서 요일이나 날씨, 시간대별로 꼼꼼하게 체크를 해야만 성공적인 창업 가능성이 높아진다는 건 두말하면 잔소리다. 모쪼록 이렇게 흐름을 파악하는 과정을 등한히 하지 말라고 당부하고 싶다.

점포 계약을 할 때는, 법적인 문제가 있는지부터 살펴보아야 한다, 저당 현황이나 소유주 문제 등의 바로 확인 가능한 내용은 물론이고, 특별한 단서조항이 있다면 그 이유까지 디테일하게 따져봐야 한다. 사소한 내용이라도 그냥 무심결에 넘겼다가는 치명적인 손해로 돌아올 수 있다. 미리 임대차 관련법에 대해서도 충분히 숙지해두는 것 또한 필수 사항이다.

그리고 소유주의 가족관계도 참고로 하는 게 좋다. 자식들은 몇 명인지, 그들의 직업과 연령은 어떠한지 알아둘 필요가 있다. 예를 들면, 건물주에게 변변한 직장이 없이 과년한 자식이 있다면 기껏 가게를 일으켜 놓았을 때, 계약 연장을 거부당하는 경우가 생길 수 있다. 건물주에게 소일거리가 없는 자식이 있다는 것은, 성업 중인 업소를 눈여겨봐 뒀다가 차고앉을 수도 있다는 것이다. 가능성은 희박하지만 그런 경우가 없지 않다.

법적으로 임대 5년이 지나면 계약을 연장하는 건 쌍방 합의에 따라 가능하므로 건물주가 계약 기간을 연장하지 않겠다는 의사를 밝히면 다른 방법이 없다. 개업한 지 5년이면 입소문을 탈 만큼 탈 시점이고 식당으로서는 한창 성장하고 자리가 잡힌 시기인데 업장을 옮겨야 한다면 이보다 더 큰 치명타는 없을 것이다.

다음은 인테리어를 할 차례다. 외식업에서 적절한 인테리어란 메뉴에 대한 신뢰를 주고 식욕을 돋우는 것이어야 한다. 위생에 철저하다는 느낌과 함께 전문가가 조리한다는 인식을 심어주는 게 중요하다. 그리고 편안하게 식사를 할 수 있어야 한다. 실내장식이나 분위기는 물론, 조명과 소품, 종업원의 유니폼, 음악까지 인테리어의 한 부분이라 생각하고 세심하게 신경 써야 한다.

인테리어까지 마쳤다면 이제 본격적인 영업을 준비할 단계로 종업원을 선발해야 한다. 종업원을 모집하는 광고부터 채용까지 신중에 신중을 기하지 않으면 안 된다. 기본적으로 서비스 정신이 있어야 하고 친절이 몸에 배어 있어야 하며, 아이템과 업소 특성을 충분히 숙지할 자세가 되어 있는 사람을 채용해야 한다. 가장 먼저 갖추어야 할 것은 업소와 운명을 같이한다는 열정과 애정이다. 이런 사람을 찾기가 쉽지 않더라도 최소한의 요건은 갖춘 사람을 선발해야 한다.

창업단계에서의 종업원이란 가게의 첫인상이 된다는 점을 생각하면 무엇보다 종업원 선발이 중요하다는 걸 강조하지 않을 수 없다. 종업원에게 운명공동체라는 의식을 심어주기 위해서는 비전을 제시해주고, 사활을 같이하고 싶은 복지혜택을 주는 게 최선의 방법이다,

업주가 먼저 베풀어야 종업원은 따라온다. 업소의 미래가 곧 자기의 미래라는 생각을 할 수 있도록, 말이 아닌 실체를 보여주어야 하는 것이다.

종업원 교육도 채용만큼이나 중요하다. 아무리 경험 많고 훈련된 종업원이라 하더라도 업소에 따라 각기 다른 특성을 파악하지 못하면 일을 잘할 수가 없다. 정신교육이든 실제 업무 교육이든 늘 긴장을 늦추지 않도록 하는 철저한 교육이 필요하다. 개업하고 실제 손님을 접대하는 과정에서 시행착오가 발견되면 즉각 알아차리고 수정하려는 자세도 교육으로 가능하다. 잊지 말아야 할 것은 종업원이 곧 업소의 얼굴이며, 종업원의 태도가 성패를 좌우할 수 있다는 것이다.

아이템, 종업원의 입장으로서의 모의체험, 입지선정, 지역의 흐름 파악, 점포 계약, 인테리어, 종업원 채용과 교육까지 진행했다면 이제 개업식을 준비해야 한다. 창업부터 개업까지가 준비단계였다면 개업부터는 실제 영업에 들어가는 단계다. 따라서 신중하고 치밀하게 개업식을 기획해야 한다.

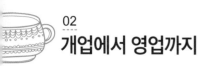

개업에서 영업까지

한 번 온 손님이 단골이 되는 것도 개업식에서 결정되고 지속적인 홍보로 재방문을 유도하는 것도 개업식이 좌우한다. 놓치면 안 되는 요소가 가장 많은 단계가 개업식이다. 그럼에도 불구하고 일회성 방문에 그치는 지인을 접대하느라 정작 많은 도움을 줄 손님에게 소홀한 개업식을 보면 안타깝기 그지없다.

개업식을 기점으로 영업이 시작된다. 개업 이전의 물밑 작업을 아무리 잘했더라도 개업식을 성공적으로 치르지 못하면 후유증이 오래갈 수 있다. 개업식을 잘하기 위해서는 '개업 리허설'을 시도해보는 것도 좋은 방법이다.

개업 리허설은 말 그대로 정식으로 개업을 하기 전에 모의 개업을 해보는 것인데, 미처 체크하지 못한 부분이 있는지 개선할 점은 없는지를 마지막으로 체크하는 단계라 할 수 있다. 개업을 하루나 이틀 앞둔 시점에서 실전과 똑같은 자세로 임해야 의미가 있다.

지역의 독거노인이나 소년·소녀 가장, 지인과 친척 등을 초대해 리허설을 한다면 심리적 부담도 덜고 부대 효과도 거둘 수 있다. 음식값을 받지 않는다는 전제가 있으니 덜 긴장하게 됨으로써 본래의 목적에 충실할 수 있다. 그리고 지역 전체에 좋은 이미지를 심어줄 수 있다는 부대 효과도 있다.

점심 시간대와 저녁 시간대에 맞춰 손님들을 초대해 최대한 붐비는 상황을 연출해야 리허설의 의미를 살릴 수 있다. 가장 어려운 상황을 미리 연습해두어야 허점을 잘 보완할 수 있다. 홀에서는, 손님이 들어오면 응대하는 상황부터 주문을 받아 주방에 오더를 내는 단계까지 우선 체크를 한다. 다음, 주방에서 음식을 내놓기까지의 절차와 시간을 점검한다. 그리고 서빙을 하면서 손님의 반응을 보고 음식에 대한 품평을 듣는 순서로 진행한다.

물론 식사를 하는 동안 살펴보아야 할 게 한두 가지가 아니지만, 바쁘면 바쁠수록 직원들이 각자 업무를 제대로 이해하고 있는지를 파악하는 게 중요하다. 식사가 끝나면 계산대에서 손님의 동선을 눈여겨보고 배웅까지 실전과 똑같이 리허설을 한다.

하루나 이틀 정도 리허설을 하면서 제일 먼저 체크해야 할 것은 음식에 대한 품평과 서비스의 효율이다. 직원들의 동선과 협력성, 주방과 홀의 연계성, 손님의 요구와 동선 등을 충분히 파악해서 수정할 건 수정하고 보완할 건 보완해야 한다. 음식에 대한 솔직한 평가 역시 중요한 지표로 삼아야 한다. 미비한 점이 있다면 리허설을 통해 충분히 시행착오를 경험하고 바로 잡아야 한다.

개업 리허설까지 했다면 '가오픈'을 할 차례다. 정식 개업 전 2~3주 정도 가오픈 상태로 영업을 해보는 것이 꼭 필요하다. 리허설과 다른 점은 이제 음식값을 받는다는 것인데, 개업식을 하기 전에 시행착오를 경험할 수 있는 마지막 단계다.

이때 중요한 것은 주 고객층의 파악이다. 손님의 나이나 직업, 성별, 음식에 대한 기호 등을 비롯해 디테일한 데이터를 작성해야 한다. 가오픈을 통해 이러한 분석을 해두면 마케팅 전략을 구사하는 데 분명 도움이 된다. 예를 들면 손님의 연령대에 따라 SNS를 활용한 영업을 할 것인지, 전단지 작업을 할 것인지, 공식 매체를 활용할 것인지를 결정할 수 있다.

가오픈에서 고객층의 특성을 어느 정도 파악했다면 지역적인 특성도 감이 잡힌다. 어떤 메뉴를 선호하는지, 사이드 메뉴로 추가하거나 뺄 건 없는지, 서비스의 개선 사항은 없는지 등을 점검하는 것도 가오픈 기간 중에 가능하다. 2~3주 정도 고객의 표본조사를 하는 셈인데 이때 동선과 가구 배치, 직원들의 교육에 이르기까지 완벽하게 개업 준비를 해야 한다.

개업 리허설과 가오픈을 거쳤으니 드디어 개업식을 할 차례다. 그동안의 모의 경험을 토대로 개업식에서는 모든 일이 능숙하게 돌아가야 한다. 그만큼 연습했으면 이제 능숙할 때도 됐다.

그런데 이 시점에서 내가 한 가지 꼭 당부하고 싶은 것이 있다. 제발 개업식 당일에 지인을 초대하는 일은 하지 말라는 말이다. 하지만 외식업을 하는 대부분의 점주들은 개업식에는 당연히 친구와 친척을 초대하는 걸로 알고 있고, 지인들 역시 개업식에는 꼭 가야 하는 걸로 안다. 관혼상제의 하나쯤으로 여기는 것 같다. 그러나 이건 오산이다. 지인들이 들끓는 개업식에서는 순수한 손님의 요구를 제대로 파악하는 것이 힘들다는 걸 알아야 한다.

개업식에서 놓치지 말아야 할 것 중에 가장 중요한 것은, '고객카드'를 작성하는 일이다. 고객의 정보를 파악해두면 홍보의 발판이 된다. 고객카드를 통해 주 고객층을 알 수 있고, 고객층을 알아야 홍보의 방향을 가늠할 수 있다. 재방문을 유도하는 열쇠가 되는 게 바로 고객카드다. 신메뉴를 개발했다거나 이벤트를 벌일 때, 정보를 제공할 수 있는 최적의 자료가 되는 것이다.

예를 들면, 매출이 저조한 날에는 "선착순 포장 떡갈비를 드립니다."라는 문자 한 통으로 경품을 내세우는 전략을 구사하거나, "비 오는 날에는 소주 한 병을 무료로 드립니다." 등의 감성 자극 전략을 구사할 수도 있다. 그만큼 중요한 것이 개업식에서 작성하는 고객카드인데, 멀리서 찾아오는 지인을 접대하느라 알짜배기 고객의 정보를 파악하는 데 소홀하다면 시작부터 실패라 할 수 있다.

그런데 고객카드를 작성하는 것도 요령이 필요한 작업이다. 손님에게 무작정 전화번호를 받아내는 건 어렵기도 하지만 무례해 보일 수도 있다. 그래서 상품권이나 응모권 형식의 고객카드를 제작하는 게 좋다. 재미와 더불어 기대를 갖게 하면서 자연스럽게 고객의 정보를 파악해야 한다. 방문할 때마다 마일리지를 적립하거나, 할인 또는 무료카드를 발급하는 것도 적절한 방법이다.

개업식은 드러나지 않게 할 일이 많은 날이다. 기대와 호기심으로 처음 찾아온 손님인 만큼 한 치의 소홀함도 없어야 한다. 한 번 온 손님이 단골이 되는 것도 개업식에서 결정되고 지속적인 홍보로 재방문을 유도하는 것도 개업식이 좌우한다. 놓치면 안 되는 요소가 가장 많은 단계가 개업식이다. 그럼에도 불구하고 일회성 방문에 그치는 지인을 접대하느라 귀중한 정작 손님에게 소홀한 개업식을 보면 안타깝기 그지없다.

개업식을 치르고 나면 이른바 '개업발'이라는 게 얼마간 지속된다. 그러나 개업발이 성공을 보장하지는 않는다. 올 만한 지인들이 한 번씩 다 왔다 가고 나면 썰렁해지는 식당을 한두 번 본 게 아니다. 개업의 열기를 지속적으로 이어가기 위해서는 차별화되는 맛과 서비스, 분위기 등의 식당 본연의 업무에 충실해야 한다. 기본 중의 기본이다.

창업에서 개업까지, 그리고 개업에서 영업까지, 어느 한 단계라도 긴장을 늦출 수 없는 게 식당이다. 가장 많이 창업을 하기도 하지만 가장 많이 망하기도 하는 업종으로 굳이 발을 들여놓은 이상, 지난한 이 과정을 통과하지 않으면 안 된다. 그러나 외식업이 재미있는 건, 노력하는 꼭 그만큼 돌려받는 업종이라는 것이다. 손님은 참으로 정직하다. 맛있으면 맛있다 하고, 친절하면 친절하다 평가해준다. 업주의 정성과 노력을 한 치의 오차도 없이 알아주는 게 손님이라는 걸 잊지 않으면 성공하는 식당의 주인이 될 수 있다.

콘셉트에서 성공하는 식당까지

손님은 트렌드에 민감한 식당을 좋아한다. 요즘은 스토리텔링이 대세다. 창업을 준비하고 있거나, 분위기 쇄신이 필요한 식당에 가장 필요한 것은 손님의 호기심을 자극하고 재미를 느끼게 하는 스토리다. 비슷한 메뉴와 비슷한 맛을 내놓는 식당은 기억에 남지 않는다. 기억에 남지 않으니 굳이 다음에 또 가고 싶다는 생각도 들지 않는다.

성공하는 식당이 그렇지 못한 식당과 차별되는 접점은 손님을 인식하는 태도다. 진정한 장사꾼은 장사를 해서 돈을 벌 때보다 손님이 만족하는 모습을 볼 때 더 큰 기쁨을 느낀다. 요컨대 손님이 행복했으면 하는 마음 없이는 진정한 장사꾼이 되지 못한다. 그렇기에 "웃음이 준비되지 않은 사람은 상점 문을 열지 마라."는 중국 속담도 있는 것이다.

그러나 손님을 만족시킨다는 것은 쉬운 일이 아니다. 세상은 넓고 식당은 많지만, 손님의 다양한 취향을 일일이 맞춰낸다는 것은 거의 불가능하다. 그러나 거의 불가능할 뿐 전혀 가능하지 않은 건 아니다. 손님의 트렌드를 알고 적절한 콘셉트를 제공하겠다는 마인드로 무장한다면 손님 대부분의 취향을 맞출 준비는 된 셈이다. 거기에 입가에서 떠나지 않는 웃음까지 갖추었다면 성공하는 식당의 주인이 되는 길은 그다지 멀지 않다.

손님은 트렌드에 민감한 식당을 좋아한다. 요즘은 스토리텔링이 대세다. 창업을 준비하고 있거나, 분위기 쇄신이 필요한 식당에 가장 필요한 것은 손님의 호기심을 자극하고 재미를 느끼게 하는 스토리다. 비슷한 메뉴와 비슷한 맛을 내놓는 식당은 기억에 남지 않는다. 기억에 남지 않으니 굳이 다음에 또 가고 싶다는 생각도 들지 않는다. 식당의 기본은 맛이지만, 이미 맛 하나만으로 승부를 가늠하기에는 경쟁 업소가 너무 많다. 따분하고 지루한 일상 속에서 반짝하고 재미를 유발하는 것, 바로 스토리텔링으로 차별화되는 전략이 필요하다.

그래서 창업과 영업에 도움이 될 만한 내 경험 몇 가지를 소개할까 한다. 매장을 오픈하면서 구사한 스토리텔링이 어떻게 손님에게 어필되었는지를 안다면 창업과 영업에 참고가 되지 않을까 싶다.

<더도이 종가집> 덕천점은 '도서관형 식당'이 테마다. 국밥집에 들어서면서 도서관 혹은 북카페에 온 듯한 착각을 하게 만드는 것이 전략이었다. 벽면 여기저기 책이 꽂혀 있고, 조명은 은은하다. 음악도 지나치게 가볍지 않은 곡으로 선곡했다.

그러나 내가 의도한 효과가 그대로 적중한 것은 아니다. 예상한 만큼의 매출로 연결되지 못하자 나는 다른 '스토리'를 추가해서 '텔링'했다.

도서관 같은 분위기에 '무료 상품권 뽑기'의 재미를 추가한 것이다.

식사를 마친 손님이 계산을 하러 카운터로 오면 뽑기 상자를 내밀었다. 그 안에는 메인 요리부터 음료수까지 다양한 메뉴가 적힌 종이가 접힌 채 들어있었다. 손을 휘저어 종이 하나를 골라내는 동안 손님들은 즐거워했고, 접힌 종이를 펴고 내용을 확인하는 얼굴에는 기대감이 넘쳤다.

2개월 동안 무료 상품권 뽑기에 투자한 원가는 2,500만 원. 그 이후 하루 매출은 150만 원~200만 원이 늘었다. 기대 이상의 성과였다. 음식도 음식이지만 호기심과 재미요소를 추가하면 손님의 만족도는 배가된다는 걸 확인할 수 있었던 경험이다.

<더도이 종가집> 구서점을 오픈 할 때는 브랜드 이미지 상승에 주력했다. <더도이 식품>이 다른 체인점과 어떻게 다른지를 확실하게 보여주는 스토리텔링을 구사했다. 국밥집에 오는 손님은 다양하다. 부담 없이 손쉽게 갈 수 있기 때문이다. 그런 의미에서 국밥은 가장 한국적인 패스트푸드라 할 수 있다. 빠르고 간편하고 저렴하다. 그런데 <더도이 종가집> 구서점에서는 아무 기대 없이 국밥을 시켰는데 갓 지은 돌솥밥을 정성스럽게 차려준다. 후루룩 한 끼를 해결하려던 마음이 돌솥밥을 보는 순간, 해결이 아니라 즐김이 된다. 패스트푸드가 정찬이 되는 것이다.

<더도이 식품>은 늘 손님의 기대를 넘어선다. 뜻하지 않은 메뉴로 신선한 충격을 주고 예상치 못한 서비스로 감동을 주려는 것이 <더도이

식품>의 차별화 전략이다. 그 작전이 주효했던 것이 <더도이 종가집>이었다.

<더도이 덤> 남포점도 마찬가지다. <더도이 종가집> 구서점에서 얻은 '반전 효과' 스토리텔링을 다시 한 번 구사했다. 막국수 전문점인 <더도이 덤>에서는 손님에게 무얼 어떻게 해주면 감동할까를 생각한 끝에 떡갈비라는 아이템을 추가했다.

막국수를 시키면 110g의 떡갈비가 '덤'으로 나오는 집. 그것도 일일이 숯불에 구워 풍미가 살아있는 떡갈비가 서비스스라니. 손님들의 반응은 폭발적이었다. 하루하루 단골이 늘어가는 게 눈으로 보였다. 과일 육수로 맛을 낸 시원한 막국수와 숯불에 구워낸 떡갈비, 어느 게 메인 요리고 어느 게 서비스 요리인지 분간이 안 되더라는 입소문이 돌자 연일 문전성시였다. <더도이 덤>의 남포점 스토리텔링도 성공적이었다.

<더도이 참족> 서면점의 테마는 '고객 맞춤형 분위기'였다. 인테리어를 구상할 때부터 가족석과 커플석, 연회석으로 구분해 모든 고객의 요구에 맞추는 분위기를 연출했다. <더도이 참족>의 주 아이템 족발은 테이크아웃이 쉽다는 장점이 있는 반면 여성이나 어린아이가 선호하지 않는 음식이라는 단점도 있었다. 나는 그 핸디캡을 맞춤형 분위기와 서비스로 극복하려는 시도를 했던 것이다.

족발을 시키면 고급스러운 야채에 신선한 소스를 곁들인 샐러드가 나오고 조개탕이 무한 리필되면서도 가격과 양은 변동이 없다. 손님의 만족도는 최상이었다. 회사 회식이나 동창회 등에서 한 번 가보면 가족과 함께 다시 가고 싶은 곳, 연인을 위한 독립적이고 오붓한 분위기까

지 갖춘 족발집. <더도이 참족> 서면점도 대박이었다.

그리고 가장 최근에 구사하고 있는 스토리텔링은 '클럽식 식당'이다. 삼겹살집을 한다는 것은, 가장 평범한 외모의 사람이 가장 평범한 옷을 입고 가장 평범한 일을 하고 있다는 말이 된다. 그럼에도 불구하고 삼겹살집이 망한 자리에 또 삼겹살집이 들어서는 것은 그만큼 수요가 많아서다. 따라서 나이와 성별 직업을 불문하고 누구나 좋아하는 삼겹살은 그만큼 도전해볼 만한 아이템이기도 하다.

부산 젊은이들의 거리 서면 2번가에 삼겹살 전문점 <더도이 돈포겟>이 오픈을 했다. 행인들은 삼겹살을 먹기 위해 <더도이 돈포겟>의 문을 열다가 잠시 주춤거리게 된다. 식당이 아니라 클럽의 문을 여는 듯한 착각에 빠지기 때문이다. 빠른 템포의 음악이 실내에 깔리면서 고도를 낮춘 조명은 전형적인 식당을 기대했던 손님에게 반전의 충격을 준다. 전체적으로는 조명의 고도가 낮지만 테이블마다 집중 조명이 설치되어 있어 독특한 느낌을 자아낸다. 벽을 장식한 소품들도 예사롭지 않다. 서빙을 하느라 분주하게 움직이는 종업원들의 복장도 식당 종업원 같지가 않다. 저쪽 테이블 어디에선가는 직원의 푸드 퍼포먼스가 진행되고 있고, 언제인지 모르게 음악은 비트가 달라져 있다. 완전 클럽 분위기다.

젊은이들이 많이 오가는 거리에서 영업을 하려면 젊은이의 취향에 맞춰야 한다. <더도이 돈포겟>은 클럽식 삼겹살집이라는 파격적인 스토리텔링을 내놓았다. 클럽문화에 길들어 있는 젊은이를 겨냥한 전략이었고 결과는 성공적이었다. 음식만 즐기는 식당이 아니라 문화를 즐기는 식당, <더도이 돈포켓>에 가면 그런 욕구를 충족시킬 수가 있다는 손님의 피드백이 계속 이어지고 있다.

식당을 개업하기 위해 필요한 요소는 한두 가지가 아니다. 앞에서 이야기한 것처럼 디테일에 신경 쓰지 않으면 망하기 딱 좋은 업종이 식당인 만큼 섬세한 준비가 필요하다. 그런데 메뉴나 위치 선정, 가격 결정 같은 기본 요소도 중요하지만, 반드시 있어야 하는 것 중의 하나가 '스토리'라는 걸 알아야 한다. 그리고 성공하는 식당의 업주가 되기 위해서는 그 스토리를 어떻게 '텔링'할 것인가를 생각해야 한다.

스토리나 스토리텔링은 그냥 나오는 것이 아니다. 어떻게 하면 고객을 만족시킬 것인가, 어떻게 해야 오늘 온 손님이 내일 또 올 것인가를 끊임없이 고민해서 찾게 되는 답이 스토리텔링이다. 그러다 보니 '욕쟁이 할머니'까지 등장하는 게 식당의 현주소다. 돈 주고 음식 사 먹으면서 욕을 듣는데도 다음날 또 그 욕쟁이 할머니 식당을 찾아가게 되는 이유를 충분히 깨달았다면 성공하는 식당으로 가는 길로 들어섰다고 말할 수 있다. 요컨대, 손님은 호기심을 자극하고 재미를 주는 식당에 다시 가게 되는 것이다.

이상 요식업 창업자들에게 앞서 시작한 선배로서 들려주고 싶은 이야기도 많지만 부족한 나의 필력을 탓한다. 모쪼록 요식업계에 입문하는 창업자들의 앞날에 부와 행복이 찾아오기를 기원하며 평소 애송하는 시 한 편으로 펜을 놓는다.

가지 않을 수 없던 길

도종환

가지 않을 수 있는 고난의 길은 없었다

몇몇 길은 거쳐오지 않았어야 했고
또 어떤 길은 정말 발 디디고 싶지 않았지만
돌이켜보면 그 모든 길을 지나 지금
여기까지 온 것이다

한번쯤은 꼭 다시 걸어보고픈 길도 있고
아직도 해거름마다 따라와
나를 붙잡고 놓아주지 않는 길도 있다
그 길 때문에 눈시울 젖을 때 많으면서도
내가 걷는 이 길 나서는 새벽이면 남모르게 외롭고
돌아오는 길마다 말하지 않은 쓸쓸한 그늘 짙게 있지만
내가 가지 않을 수 있는 길은 없었다

그 길이 내 앞에 운명처럼 파여 있는 길이라면
더욱 가슴 아리고 그것이 내 발길이 데려온 것이라면
발등을 찍고 싶을 때 있지만
내 앞에 있던 모든 길들이 나를 지나
지금 내 속에서 나를 이루고 있는 것이다

오늘 아침엔 안개 무더기로 내려 길을 뭉텅 자르더니
저녁엔 헤쳐온 길 가득 나를 혼자 버려둔다

오늘 또 가지 않을 수 없던 길
오늘 또 가지 않을 수 없던 길

"?"

이 물음표는 빅토르 위고가 쓴 편지의 전문이다. 세상에서 가장 짧은 이 편지는 1862년 빅토르 위고가 그의 소설 《레 미제라블》이 잘 팔리는지 알고 싶어 출판업자 허스트에게 보낸 편지다. 소설 판매량이 궁금했던 빅토르 위고는 한 장의 편지지에 '?' 하나만 담아 보냈다.

"!"

이 느낌표는 허스트가 쓴 답장의 전문이다. 독자 반응이 아주 좋다는 의미의 명쾌한 답변이다. 과연 세계적인 대문호의 책을 출판한 사람답다. 그들이 이토록 짧은 편지를 쓰게 된 이유에 대해서는 여러 가지 가설이 있지만 가장 유력한 주장은, 나폴레옹 3세의 쿠데타에 반대한 위고가 해외 망명 중이었기에 편지검열이 심했기 때문이라는 설이다. 검열을 피하면서도 궁금증을 해결하고 싶었던 위고의 재치가 "?"하나로 축약된 것이고, 그것을 잘 아는 출판업자 허스트는 이심전심으로 답장을 했다는 것이다.

나는 가끔 직영점 실장님들이나 체인점 사장님들에게 "? 어때요"라고 묻는다. 직영점 실장님들이나 체인점 사장님들은 "! 좋아요"라고 대답한다. 직원 교육을 통해 위고와 허스트의 이야기를 익히 알고 있는 데서 나오는 재치다. 이럴 때 나는 염화미소를 머금지 않을 수 없게 된다.

때로는 긴 이야기보다 단 한마디의 말, 미소 하나가 결정적인 계기가 되기도 한다. 절제된 표현 하나가 작게는 개인의 인생을 바꾸고 크게는 세상을 바꿀 수도 있는 것이다.

"살았다, 썼다, 사랑했다."

세계적인 대문호 스탕달의 묘비명이다. 누군가의 한 생애가 이렇게 명료하게 정리될 수 있다는 건 참 신기한 일이다. 짧지만 모든 게 들어 있는 이 한 구절이 나에게는 영원한 울림을 주기도 한다. 책에 관한 한 내가 가장 존경하는 사업가 손정의 명언 중 한 구절도 마찬가지다.

"울었다, 기도했다, 책을 읽었다."

간염으로 시한부 선고를 받게 되면서 제일 먼저는 울었고, 그다음 기도를 했고, 마지막으로 책을 읽으며 투병을 했다는 손정의는 시한부 인생이 시작된 후 4,000여 권의 책을 읽은 것으로 유명하다. 특히 《손자병법》을 25회나 반복해 읽은 후 사업에 활용 것으로 많은 사업가들의 모델이 되고 있다. 모진 역경을 극복하고 내린 결론 역시 이렇게 짧고 명료하다.

그래서 나도 스탕달과 손정의를 흉내 내, 나의 인생을 요약했다.

"살았다, 먹었다, 즐겼다."

내가 즐겨 인용하는 고사 중에 포정해우(砲丁解牛)라는 사자성어가 있다. 춘추전국 시대, 솜씨 좋기로 이름이 났던 포정이라는 백정은 칼날을 갈지 않았다고 한다. 20년 가까이 수천 마리의 소를 잡았지만, 칼을 한 번도 갈지 않은 이유는, 살을 가르거나 뼈를 바르는 것이 아니라 뼈 사이의 틈새만 노려 칼을 움직이기 때문이었다. "두께 없는 것(칼)을 틈새에 넣으니, 널찍하여 칼날을 움직이는 데도 여유가 있다."라고 했다는 포정으로부터 유래한 포정해우. 전문성의 위대함을 풍자한 고사일 것이다.

전문성이란 하루아침에 만들어지지 않는다. 오랜 세월 고독과 고통을 견디며 외길을 갈 때만이 가능한 게 전문성이다. 그러기에 우리는 전문가를 비전문가와 차별하고 인정하는 것이다.

나는 외식 전문가다. 외식업을 해온 지 30년, 한 번의 외도도 없었다. 때로는 주저앉아 울거나 힘을 잃고 쓰러지기는 했지만, 이 길을 벗어나겠다는 생각을 해본 적은 없다. 역경이 주어지면 어떻게든 타고 넘으며 목적지에 다다랐다. 장애를 극복하고 목적을 이룰 때마다 극한의 성취감을 느끼며 여기까지 왔다. 그러니 나는 누가 뭐래도 외식 전문가인 것이고, "살았다, 먹었다, 즐겼다."의 한 구절로 내 인생을 요약하는 데 주저함이 없다.

나는 요즈음 청년들을 보면 안타까울 때가 많다. 한창 꿈 많고 배짱을 키울 나이에 가장 선호하는 직장이 공무원 아니면 대기업이라는 이야기를 들을 때마다 잘못돼도 크게 잘못됐다는 생각이 든다. 우리의 청년들이 왜 이렇게 힘을 잃고 도전하지 못하게 된 걸까. 도전하지 않는 젊은이가 판을 치는 사회가 과연 건강하게 발전할 수 있을까.

대학에서 외식 창업을 강의하면서 나는 창업에 앞서 도전정신을 가르친다. 인류사에서 큰 족적을 남긴 인물의 공통점은 도전하는 사람이었다는 사실을 강조하고 또 강조한다. 고비 없는 인생은 없다. 하지만 험한 고비를 넘기고 나면 비로소 세상의 주인공이 되는 게 세상의 이치다.

내가 가르치는 학생들 대부분의 로망은 대기업 호텔에 입사하는 것이다. 안정되고 평탄하기를 원한다. 하지만 도전하지 않는 자에게는 영광도 없다. 안정은 있을지언정 성공은 없다. 한창 꿈꾸고 도전할 나이에 안정을 선택하는 젊은이의 인생은 얼마나 무료할 것인가? 그래서 나는 도전하는 인생이 아름답다는 말을 수도 없이 강조하는 것이다.

내 수업을 들었던 학생 중에 지금 <더도이 식품>의 직원이 된 경우도 더러 있다. 계장도 있고 과장도 있다. 이들의 공통점은 남다른 도전정신이다. 성적이나 스펙이 부족하더라도 도전하겠다는 의지가 엿보이면 나는 무조건 채용을 한다. 그렇게 채용한 직원은 대체로 유능하다. 역시 도전하는 사람이 성공 가능성이 높다는 걸 나는 직원을 통해 또 한 번 깨닫는다.

우리 회사에 입사해서 경력을 쌓는 동안, 지분 투자로 월 수익이 7백만 원 가까이 되는 직원도 있다. <더도이 식품>의 모든 사업에 지분을 투자하는 그 직원은 내 수업을 들었던 학생이다. 내가 도전하는 사업에 함께 도전하면서 원대한 미래를 꿈꾸는 친구다. 아직 어린 나이임에도 나를 믿고, 나의 도전을 믿고, 늘 새로운 도전을 시도하는 동안 제법 부자가 되었다.

그러나 새로운 도전으로 매장을 열었는데 영업이 생각처럼 안 되는 경우도 많다. 아무리 철저히 준비하고 공을 들여도 안 되는 건 어쩔 수가 없다. 이때, 도전에 대해 후회를 하는 건 당연하다. 그래서 뒤늦게라도 도전보다는 안정을 택하면서 악순환의 궤도로 진입해버리는 매장이 허다하다. 새롭게 도전했던 요소들이 뜻대로 되지 않으면 우선 당황하게 되고, 적자가 늘수록 빨리 정리하는 쪽으로 마음을 정하기 쉽다. 조금이라도 손해를 덜 보고 싶은 마음에 영업보다는 정리에 마음을 쓴다. 그러다 보니 종업원을 줄여 서비스의 질이 나빠지거나 재료비를 아껴 맛도 떨어지게 되고, 전기세까지 아껴 매장 분위기를 썰렁하게 만드는 악순환이 계속된다.

하지만 이때 필요한 것도 도전정신이다. 생각한 대로 되지 않으면 궤도 수정을 해서 재도전을 해야 한다. 성급하게 정리할 생각부터 하고 악순환을 되풀이하면 손해의 폭만 커질 뿐이다. 초심으로 돌아가 과감하게 다시 시작하는 용기만이 악순환의 고리를 끊고 선순환으로 돌아서게 한다. 물론 도저히 가능성이 없을 때는 과감하게 접고 또 다른 도전을 하는 용기도 필요하지만, 그것은 최후의 선택이어야 한다.

이때 명심해야 하는 것은 실패는 결과가 아니라 성공의 과정이라는 것. 섣불리 창업을 결정하는 것도 무모하지만, 노력의 여지가 충분한데도 폐업을 결정하는 것만큼 어리석은 일도 없다.

때로는 위험한 도전을 하는 경우도 보게 된다. 컨설팅을 하다 보면, 준비자금에 대한 질문을 많이 받게 되는데, 나는 되도록 최소한의 돈을 투자해 시작하라는 자문을 해준다. 우선 작게 시작해서 조금씩 확장을 해가는 게 사업의 정석이다.

아이템이나 콘텐츠 다 좋은데 뒷돈이 없어 버티지 못하는 매장도 적지 않다. 무모하게 투자한 결과다. 도전이라기보다는 무모함에 가까운 투자를 하는 이유는 남 보기에 그럴듯해 보이려는 만용에서 비롯되는 게 대부분이다. 진정한 도전이란 스스로 확신을 갖게 되었을 때 하는 것이지 남의 눈을 의식하고 시도하는 것이 아니다.

스스로 확신을 갖기 위해 반드시 필요한 것은 전문성이다. 전문성이 따라주지 않는 도전이 성공할 가능성은 희박하다. 스탕달이나 손정의가 짧은 한마디로 전 생애를 압축해낸 것처럼 명료한 전문성, 포정이 칼을 벼르지 않고도 수천 마리의 소를 잡은 것처럼 섣불리 따라 할 수 없는 전문성 말이다. 외식업이란 어중간한 실력과 얻어들은 풍월로 함부로 시작할 수 있는 일이 아닌 것이다. 내가 말하는 장사꾼 DNA를 겸비하지 않고는 하기 힘든 게 외식업이라는 걸 한 번 더 강조하고 싶다.

시대가 바뀌면 의식도 바뀐다. 21세기로 접어들면서 우리의 의식은 빠르게 변하고 있다. 변화에 적응하지 못하는 식당은 살아남지 못한다. 그렇다면 21세기 외식업의 전문성은 무엇일까? 한마디로 정의하기는 어렵지만 나는 감성 코드를 답으로 내세운다.

역사를 보면 국가의 근간을 이루는 건 문(文), 무(武), 그리고 부(富)였다. 이는 국가뿐 아니라 기업도 마찬가지고 개인의 경우에도 해당된다. 시대가 변하면서 이 세 요소 중 어느 것이 강조되느냐에 따라 사회의 특성이 규정되어왔는데, 오늘날 강조되는 덕목은 어떤 것일까? 나는 현 시대가 요구하는 것은 무나 부에 앞서 문이라 생각한다. 무에 해당하는 기술이나 전략도 중요하고, 부에 해당하는 제반 인프라도 필요하지만 지금 가장 절실한 것은 문에 해당하는 지식과 감성이다.

이제 전문적 지식과 풍부한 감성 없이 할 수 있는 일은 없다. 인간의 변화를 가장 빠르게 반영하는 외식업 역시 전문성과 감성 없이 성공하기는 어렵다. 나는 외식업 30년의 외길을 걸어온 사람으로서 외식업을 하는 모든 사람들에게 이 말을 당부한다. 바로 감성경영을 하라는 것이다. 감성으로 차별화되고 감성으로 접근하는 식당이라야 성공하는 시대다.

이제 책 한 권을 마무리하면서 내가 제시하는 결론은 전문성과 도전정신, 그리고 감성적 철학이다. 현재 외식업을 하고 있거나 외식 창업을 하는 모든 사람들이 귀담아 들어주었으면 좋겠다. 외식업, 아무나 할 수 있는 것도 아니고 쉽게 성공하는 일도 아니지만, 매력적인 일인 건 분명하다. 나는 이렇게 매력적인 일을 하늘이 허락하는 그때까지 계속할 것이다. 그러기 위해서는 건강하고 올바른 식당문화가 정착되어야 하고 업주들이 행복해야 한다.

행복한 외식 창업을 위해 다시 한 번 강조한다.

"전문성으로 준비하고 도전정신으로 무장한 그대들이여! 이제 감성으로 창업하라!"

나를 위한 하루 선물

서동식 지음 | 양장 | 376쪽 | 값 13,000원

소중한 자신에게 선물하는 행복한 하루!

나를 변화시키는 하루 한 마디 《하루 선물》. 이 책은 온전히 나 자신을 위한 지식과 교훈, 마음의 위로와 긍정적인 에너지를 줄 수 있는 글귀들로 구성되어 있다. 365 매일매일 가슴에 새겨넣을 글과 함께 나를 변화시키는 하루 확언을 수록하여 이전보다 더 긍정적인 마음과 목표의식을 가지고 살아갈 수 있게끔 용기를 주고 내면에 힘을 보태어준다.

내면의 소리에 맞추어 지혜롭게 인생의 길을 개척하고, 무의미한 걱정을 하느라 인생을 낭비하지 않고, 성실함으로 미래를 준비하여 기회를 잡고, 영감을 통해 모든 문제의 해결책을 찾고 새로운 기회를 만들어 내는 등 다양한 지침을 수록하여 행복하게 살아갈 수 있도록 도와준다.

365 매일매일나를 위한 하루 선물

서동식 지음 | 양장 | 400쪽 | 값 13,000원 |

365 매일매일 당신을 위한 선물들을 찾아가세요.

인생이라는 기회는 단 한 번뿐입니다. 게으름과 두려움에 망설이고 있는 지금 이 순간에도 우리의 옆으로 미소를 지으며 혹은 비웃으며 지나가고 있습니다.

우리는 얼마나 이 소중한 인생을 가볍게 보고 있었나요? 우리는 얼마나 미지근하게 인생을 마시고 있었나요? 다시 우리의 인생을 뜨겁게 데워야 합니다. 게으름이 아닌 열정으로 두려움이 아닌 용기로 미지근한 인생을 뜨겁게 달구어야 합니다. 다시 뜨거워진 열정으로 새로운 희망을 생각해야 합니다. 이 책은 우리가 놓치고 지나쳤던 우리가 기억하지 못하는 나를 위한 선물들을 찾아가라는 책입니다.

삶에 지친 나에게 내가 해주고 싶은 말

서동식 지음 | 양장 | 384쪽 | 값 15,000원

내가 듣고 싶은 말이 곧 당신이 듣고 싶어 하는 말이기에.

지난 인생을 살아가는 이들에게 어떤 말을 해주어야 그들이 위로 받을 수 있을까? 내가 나에게 해주고 싶은 말이 어쩌면 그들 역시 듣고 싶어 하는 말은 아닐까? 『삶에 지친 나에게 내가 해주고 싶은 말』은 정제되지 않고 투박한 어조로 오직 나 자신에게 해주고 싶은 말을 적은 책이다. 하지만 삶에 지친 사람들을 위로하는 책이기도 하다. 책 뒤쪽에는 일상을 기록할 수 있는 다이어리를 첨부하여 누구나 자신의 삶을 기록할 수 있도록 구성했다.

하루하루 인생의 마지막 날처럼 살아라

이대희 지음 | 함께북스 | 320쪽 | 값 14,500원

날마다 오늘이 당신의 맨 마지막 날이라고 생각하라.

날마다 오늘이 맨 처음 날이라고 생각하라.

《하루하루 인생의 마지막 날처럼 살아라》는 유대인의 탈무드를 한국인의 시각에서 정리한 책이다. 탈무드는 유대인의 책이지만, 모든 인간에게 해당되는 보편적인 진리의 내용을 담고 있다. 이미 잘 알려진 탈무드의 짧은 격언을 오늘의 삶에 적용하고 대안을 찾는 방식으로 정리했다. 이 책을 통하여 5천 년의 역사를 갖고 있는 한국인에게도 유대인의 탈무드 교육과 같은 놀라운 시도가 시작되길 기대한다.

그리스, 인문학의 옴파로스

박영규 지음 | 340쪽 | 값 16,000원

그리스 인문학의 체취를 느끼고 음미하기 위해
옴파로스를 향한 항해를 떠나보자

『그리스, 인문학의 옴파로스』는 그리스는 인문학의 옴파로스 즉 배꼽이다. 이 배꼽을 주의 깊게 관찰하지 않으면 인문학의 역사와 신비를 제대로 이해할 수 없다. 그리스 이후의 인문학은 그리스에 대한 해석, 재해석, 재재해석이라고 해도 과언이 아니다. 셰익스피어의 『로미오와 줄리엣』은 그리스 신화에 나오는 피라모스와 티스베를 새롭게 각색한 희곡이며, 제임스 조이스의 『율리시스』는 호메로스의 『오디세이』에서 틀을 빌린 소설이다. 데카르트의 방법서설도, 프로이트의 정신분석도 그 시작은 모두 그리스의 인문정신이다. 그리스는 인문학의 모체, 인문학의 샘, 인문학의 고향이다.

울고 싶어도 내 인생이니까

백정미 지음 | 344쪽 | 값 14,000원

울고 싶어도 내 인생이다, 포기하지 말고 걸어가라.

십여 년 가까이 최고의 감성작가로 누리꾼들의 사랑을 받은 백정미의 에세이집. 이 책은 저자의 치열한 사유에 의해 탄생한 귀중하고 의미 깊은 깨달음을 담았다. 울고 싶어도 슬퍼도 힘겨워도 자신만의 인생을 살아가야 하는 이 세상 모든 사람들에게 우리 곁에 머물면서 우리의 선택을 기다리고 있는, 인생을 가장 행복하게 살아낼 수 있는 비법들을 소개한다.

저자는 긍정적인 생각과 함께 늘 꿈을 간직하고 살고, 시간의 소중함과 사랑의 소중함을 알고, 이해하며 살아가는 것이 인생을 살아가는데 있어 가장 중요한 것들이라고 말한다. 이러한 지혜를 깨달고 인생의 주인공인 자기 자신이 스스로의 인생에 책임감을 지니고 살아간다면 죽음 앞에 이르러서도 후회라는 그늘을 남기지 않을 것이라 이야기하고 있다.

자전거 메인터넌스: 자전거의 모든 것을 알 수 있는

누카야 그룹 감수 | 유가영 옮김 | 236쪽 | 값 15,000원

1,250점의 컬러 사진을 통해 알아보는 자전거의 모든 것!

이 책에는 자전거에 대한 최신 정보를 1,250점의 컬러 사진을 통해 순서적으로 실명하고 있어 초보자라도 이해하기 쉽다. 그리고 자전거의 정비의 기초와 관리에 대해 전문자용 공구가 아닌 휴대용 공구 수준에서 가능한 작업 위주로 많은 사진과 글로 이해하기 쉽게 만들었다. 따라서 어느 자전거를 타고 있든 라이더에게 유용한 정보를 제공하고 부품 업그레이에도 도움이 된다. 평소에서도 자전거를 쉽게 관리하는 방법과 알아두면 좋은 자전거에 관한 기본 상식과 함께 정리하였다.

나는 대한민국 국가공무원이다

나상미 지음 | 256쪽 | 값 14,000원

너도 한번 도전해봐!

경찰 채용 홍보원정대 구성원으로 활동중은 저자가 경찰을 꿈꾸는 사람들에게 도움이 되는 글을 담은 책이다. 경찰이 되려는 청춘들과 어떤 직업을 선택해야할지 모르는 이들에게 저자가 겪었던 일을 바탕으로 희망의 메시지를 전한다.

창의로 꿈을 실현하다

김경수 지음 | 324쪽 | 값 15,000원

창의 = 다르게
남이 가지 않은 길을, 남이 하지 않은 방식으로 꿈을 이룬 8인의 이야기,
그리고 그들의 창의에서 추출한 성공과 행복의 비결!
십여 년간 학생들에게 '창의'를 가르치며 창의를 연구하고 있는 전남대학교 문화전문대학원 김경수 교수의
창의에 관한 보고서이다. 필자가 자신의 학생들에게 남과 다른 창의 교육(창의 공모전, 창의 케익, 창의 수
련회, 창의 축제, 창의 이력서, 창의 결혼식 등)을 통해, 시대적인 좌절과 울분을 딛고 빛나는 삶을 가꾸었으
면 하는 염원으로 '창의 인물'을 찾아 나섰다. 이 책은 지난 2년 동안 110여 명의 자료조사를 통해 20여 분을
만나고 8인으로 압축한 결과이다.

40대, 다시 한 번 공부에 미쳐라

김병완 지음 | 284쪽 | 값 14,000원

이룰 수 있는 목표가 남아있는 젊은 나이 40대, 진짜 공부를 시작하자!
삼성전자에서 10년 이상 연구원으로 직장생활을 해온 저자 김병완이 자신의 경험을 바탕으로, 꿈을 포기해
야 하는 가로 고민하는 40대들을 위해 세상의 빠른 변화와 흐름을 따라잡는 방법으로 '참된 공부'를 키워드
로 제시하였다. 저자는 40대야말로 공부하는 사람이 갖추어야 할 조건을 제대로 갖춘 시기라고 말하며, 진
짜 인생을 살기 위해 진짜 공부를 시작하라고 조언한다. 공부로 인생을 역전시킨 인물들의 이야기와 다양
한 사례를 통해 공부로 인생의 참된 주인이 되는 법을 알려주고, 공부함으로써 인생에 끼치는 다양한 효과
들을 소개한다.

따르는 리더십: 빈자리를 채워주면서 마음을 이끄는 사람

정은일 지음 | 276쪽 | 값 14,500원

이 시대를 살아가는 젊은이라면 누구나 한 번쯤은 읽어보아야 할 필독서!
리더가 도약하는데 필요한 깨달음의 3원칙을 흥미로운 기법으로 소개한 책이다. 적극적이고 성실하지만
대인관계의 어려움을 느끼는 김 팀장과 친화력이 좋지만 실적 앞에서는 고개를 들지 못하는 이 팀장의 작
전타임을 통해 다양한 리더십 스타일을 배우게 된다. 리더십의 품격이 높아지는 과정, 가족관계나 직장에
서의 관계들이 원활하게 소통되는 과정을 풀어냈다.

CEO의 편지

양은우 지음 | 296쪽 | 값 14,000원

경영자의 입장에서 사원들에게 해주고 싶은 이야기!
한 회사의 CEO가 새로 입사한 사원들에게 4주간에 걸쳐 한가지씩 조언을 담은 편지를 보낸다는 형식으로
구성되어 있다. 4주간에 걸쳐 하루에 한 꼭지씩 성공적인 직장생활에 필요하다고 여겨지는 내용들을 이메
일의 형식을 빌려 전달한다. 더불어 신입사원이 할 수 있는 실수 등 작은 에피소드들도 담았다.